戦争体験を「語り」・「継ぐ」

広島｜長崎｜沖縄

[監修]
大石 学（東京学芸大学教授）

"次世代型"の平和教育

学研

はじめに

　戦後70年となった2015(平成27)年、戦争体験者の高齢化がテレビや新聞でさかんに取り上げられました。

　そこで編集部では、戦争体験を話すことができる人たちの声を子どもたちに届けるのは今しかないと思い、『100人が語る　戦争とくらし』(全3巻、2017年)を制作しました。このときの取材を通して、いくつかの気づきがあり、そこからこの本ができ上がりました。

　一つは、今、戦争体験を語ることで、「子や孫たちの世代には、自分たちと同じ体験をしてほしくない」と願っている高齢者の方たちが、日本全国に大勢いらっしゃることでした。それは、「自分たちがいなくなってしまったら、再び日本が戦争を起こしてしまうのでは」と心配する気持ちからでした。

　体験者の中には、ご高齢になってから語り始めた方も少なくありません。当時の悲しい記憶を思い出すことが本当につらかったことや、亡くなった家族や仲間に対して生き残った自分を申し訳なく思ってきたからだと言います。そうしたつらい気持ちを抱えながら、戦後の復興を支え、暮らしをつくってきた方々の想いを、少しでも継ぐにはどうしたらいいのか、語り継ぐということが次のテーマになりました。

　二つ目は、体験者の方といっしょに、戦争を体験していない世代のたくさんの方が、伝える活動に携わっていました。

　本書では、「戦争を体験していない自分たちがどうしたら体験者の想いを伝えられるのか」ということに、日々向き合っている方にお話を聞き、そこで感じたことや、自分たちの世代だからできることは何かを考え行動している様子を、「次世代型の平和教育」として紹介しています。本で紹介できる活動はほんの一部ですが、今の子どもたちが、戦争や平和について身近にとらえられるきっかけになったらと考えています。

　三つ目は、広島、長崎、沖縄の三つの地域では、平和学習への取り組みが他の地域とはちがうということでした。小学校1年生から平和学習をしっかりと行い、地域の戦争遺跡をめぐり、平和式典に参加するなど、戦争体験を語る場や機会が身近にあり、この地の市民として受け継いでいくことの意識や経験を伝える活動が続けられています。

そんな中でも、今の子どもたちにどうしたら伝わるか、教育現場や資料館などで新しい取り組みをされていました。それも取り上げています。
　「子どもたちに戦争の悲惨さや平和の大切さについて話したい」と考えても、伝える側もなかなか自分の言葉で戦争を語れないといった場合も多いのではないかと思います。また子どもたちも、大切なテーマだとわかっていても、受け取り方がわからない、ということがあるのではないでしょうか。
　それでも、戦争について知ることは、今の自分や、自分の周りの人の明日が当たり前にあることに気づかせてくれたり、自分の毎日を大切に生きていくことのきっかけになります。平和学習を通して、子どもたちが生きる力をつけてもらえたらと願います。
　下嶋哲朗さんの『平和は「退屈」ですか ── 元ひめゆり学徒と若者たちの五〇〇日』（2006年、岩波書店）より、一節をご紹介します。

戦争体験を語り継ぐとは、体験者が語るものを継いで、

さらにそれを次へ伝える、ということなのだ。

「私」が継いだものを次へ「伝える人」として自分を意識したとき、

戦争体験を語る人を「退屈」だと感じる「私」は消える。

　これからの世代が、どうしたら戦争体験を語り継げるのか、この本の様々な活動を知ることで、一つでもそれぞれの中に、気づきがあればと思います。何か考えたり、感じたりしたことがあれば、周りの人と話してみてください。それだけでもう、語り継ぐ活動になっています。書名を「語り」・「継ぐ」としたのは、そんな希望をこめています。
　この本を偶然にも手にとってくれた子どもたちが、大人になり、また次の世代へ、平和について、日本人が経験した戦争について、語り継いでくれたらと願っています。

戦争体験を「語り」・「継ぐ」 広島｜長崎｜沖縄　次世代型の平和教育　編集部

もくじ

1年の中に残る、戦争の記憶にまつわる日。

8月15日の正午にどうしてもくとうをするの? ……………………… 6
戦争を知る人が減っている ……………………………………………… 7
広島・長崎・沖縄では、"特別な日"を中心に、戦争を伝えている ……… 8

第1章 戦争体験を「語り」・「継ぐ」 広島

- 資料を見る　　広島は、どんな原爆の被害があったの? ……………………………………… 12
- 人に聞く　　　若い世代が平和について考える、「体験型」の企画展を主催 …………… 14
- 活動を見る　　第三世代が考えるヒロシマ「　」継ぐ展のこれまでの活動 ……………… 19
- 人に聞く　　　高齢の被爆者に代わってとうろう流しをするボランティア活動を主宰 … 24
- 施設を見る　　広島平和記念資料館の活動 …………………………………………………… 29
- 学校で聞く　　広島市立幟町小学校／サダコさんの母校から平和を発信する ………… 30
- 話してみよう!　世界から核兵器をなくすには? ……………………………………………… 34

第2章 戦争体験を「語り」・「継ぐ」 長崎

- 資料を見る　　長崎は、どんな原爆の被害があったの? ……………………………………… 38
- 人に聞く　　　青少年ピースボランティアで活動する大学生 ……………………………… 40
- 施設を見る　　長崎原爆資料館の活動 ………………………………………………………… 43
- 活動を見る　　日本や世界へ、平和の輪を広げていく「高校生平和大使」の活動 ……… 44
- 学校で聞く　　長崎市立城山小学校／被爆校舎を残して原爆を伝える …………………… 46
- 学校で聞く　　長崎市立三川中学校／美術作品の制作で、平和への理解を深める ……… 48
- 活動を見る　　広島と長崎の爆心地にある二つの小学校が初めて交流 …………………… 52
- 施設を見る　　長崎市永井隆記念館 …………………………………………………………… 55
- 話してみよう!　戦争を伝えていくには? ……………………………………………………… 56

第3章 戦争体験を「語り」・「継ぐ」 沖縄

- 資料を見る　　沖縄戦は、どんな戦争だったの? ……………………………………………… 60
- 人に聞く　　　対馬丸で亡くなった子どもたちと遺族の想いを継いで次世代へ伝える … 62
- 施設を見る　　対馬丸記念館の活動 …………………………………………………………… 66
- 人に聞く　　　元ひめゆり学徒の具体的な戦争体験を伝える ……………………………… 68
- 施設を見る　　ひめゆり平和祈念資料館の活動 ……………………………………………… 71
- 学校で聞く　　糸満市立米須小学校／沖縄戦激戦地の学校から平和を発信する ………… 72
- 施設を見る　　沖縄県平和祈念資料館の活動 ………………………………………………… 77
- 学校で聞く　　糸満市立三和中学校／小学校の平和学習を引き継いで発展させる ……… 78
- 話してみよう!　日本には戦力が必要なの? …………………………………………………… 80

第4章 戦争体験を「語り」・「継ぐ」 日本全国の活動

資料を見る	広島や長崎、沖縄以外の地域はどうだったの？	84
資料を見る	戦争が終わったあとは、どんなことがあったの？	86
人に聞く	戦争をテーマにした創作落語で命の大切さを伝える	88
施設を見る	知覧特攻平和会館の活動	92
活動を見る	特攻攻撃を受けたハワイの戦艦ミズーリで特攻隊の企画展を開催	94
人に聞く	満州からの引き揚げ者が書いた手記を一人芝居にして公演	98
人に聞く	シベリア抑留者の一人芝居を演じる	103
施設を見る	平和祈念展示資料館の活動	104
活動を見る	夜空に大輪の花を咲かせて世界平和を祈る～長岡花火～	106
話してみよう！	世界から戦争をなくすには？	108

第5章 戦争体験を「語り」・「継ぐ」 世界の活動

資料を見る	世界ではどんな争いが起きているの？	112
世界に平和をうったえた人々	クーベルタン／オリンピックを通して世界が一つになることを願った	114
世界に平和をうったえた人々	アンネ・フランク／戦争中の隠れ家生活を日記に書いて世界中で読まれた	118
世界に平和をうったえた人々	パブロ・ピカソ／絵画で戦争に抗議した	122
世界に平和をうったえた人々	パブロ・カザルス／音楽を通して世界平和を願った	124
世界に平和をうったえた人々	ヨハネ・パウロ二世／世界中で平和を呼びかけた「平和の使者」	126
世界に平和をうったえた人々	バラク・オバマ／広島から世界に平和をうったえたアメリカ大統領	130

資料ページ	日本各地の戦争遺跡	138
資料ページ	全国の戦争に関する資料館	140
さくいん		142

この本を読むみなさんへ

東京学芸大学教授　大石 学

　日々、テレビや新聞などでは、世界の武力衝突、テロ、難民など、つらく悲しいニュースが流れています。日々の平和の大切さに、あらためて気づかされます。

　しかし、日本もまた70年ほど前に、大きな戦争を経験しています。アジア・太平洋戦争とも呼ばれるこの戦争は、アジア各地で激しい戦闘が展開されました。多くの外国人に被害を与え、多くの日本人が死傷しました。戦争の苦しみや悲しみを経験した日本は、平和憲法と呼ばれる「日本国憲法」を制定し、世界は平和維持のために「国際連合」を設立させました。

　しかし、その戦争から年月がたち、日本人の平和への意識がうすれ、ともすると、武力や軍事力で物事を解決する風潮も強まっています。そうした中で、高齢者の多くの人が、「今こそわたしたちが、戦争で体験した想いや苦しみを、次の世代に伝えなければ」と心を痛めています。わたしたちは、その人たちの声に耳をかたむけなければなりません。もちろん、記録や資料などから、戦争の現実を学ぶことも大切です。

　この本は、わたしたち戦争を知らない世代が、「どうやって戦争体験を語り継いでいくか」ということを考えるための本です。

　読者のみなさんは、本書をじっくり読み、考えてください。そして、家庭で、学校で、話し合ってください。みなさん一人ひとりの思いが、世界に、そして未来に、語り継がれ、テレビの悲惨なニュースがやがて消えていくことを願ってやみません。

1年の中に残る、戦争

▶8月15日の正午にどうしてもくとうをするの？

毎年、阪神甲子園球場で行われている夏の全国高等学校野球選手権大会では、8月15日の正午になると、試合の途中にサイレンが鳴りひびき、選手をふくめた観客全員が立ってもくとうを行います。みなさんは、どうしてもくとうをするか知っていますか？

(日刊スポーツ／アフロ)

全国 8月15日 "終戦の日"

　1945(昭和20)年8月15日正午、昭和天皇はラジオ放送で、太平洋戦争における日本の降伏を国民に伝えました。これにより、15年にもおよぶ長い戦争がようやく終わりました。

　戦後、8月15日は「戦没者を追悼し平和を祈念する日」と定められました。

　毎年、東京では「全国戦没者追悼式」が行われるとともに、全国各地で戦争で亡くなった日本人戦没者の追悼式が行われています。

(UPI／アフロ)

→全国戦没者の霊にお祈りをする天皇皇后両陛下(2017年8月)。

の記憶にまつわる日。

戦争を知る人が減っている

戦争が終わって70年以上たった現在、しだいに戦争を知る人が減っています。

"およそ7人に一人の若者が「終戦の日」を知らない"

2017（平成29）年、「終戦の日」を前に、NHKが18歳・19歳の若者1,200人を対象にアンケート調査を行ったところ、約7人に一人の割合で「終戦の日」を知らないことがわかりました。

Q. 日本が終戦をむかえた日を知っていますか？

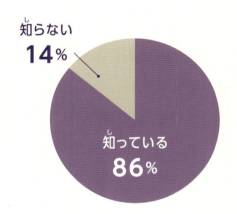

知らない 14%
知っている 86%

Q. 戦争を体験した人から直接話を聞いたことがありますか？

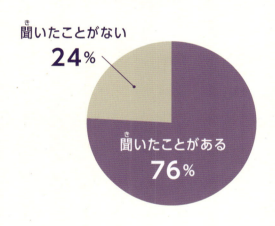

聞いたことがない 24%
聞いたことがある 76%

"戦争体験を話せる人が減っている"

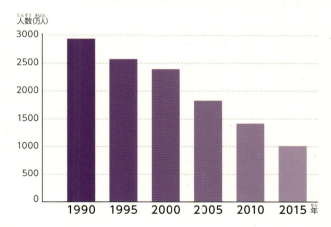

← 戦争を知る世代（当時10歳以上）の人口

総務省の調査による日本の人口をもとに、戦争当時に10歳以上だった人の数を見ると、ここ数年の間に、戦争体験を話せる人の数がかなり減っていることがわかりました。

▶広島・長崎・沖縄では、"特別な日"を中心に、戦争を伝えている

↑広島平和記念公園内の原爆死没者慰霊碑

太平洋戦争で特に被害が大きかった広島・長崎・沖縄では、それぞれの地域にとっての特別な日を「戦争をふり返り、平和をちかう日」として、次の世代に戦争を伝えています。

沖縄 6月23日 "沖縄県「慰霊の日」"

20万人以上もの犠牲者を出した沖縄戦は、1945（昭和20）年6月後半に日本軍としての戦いは終わりました。しかし、日本の降伏後も、9月まで戦闘は続きました。

沖縄県では、6月23日を「慰霊の日」として休日に定め、毎年、沖縄戦で亡くなったすべての人を追悼する行事を行っています。

沖縄戦最後の激戦地である糸満市摩文仁の平和祈念公園には、県内外からたくさんの遺族が訪れて慰霊碑に花を供え、沖縄全戦没者追悼式に参加しています。また、沖縄県内の子どもたちは「慰霊の日」に向けて、さまざまな平和学習に取り組んでいます。

↑平和祈念公園にある「平和の礎」には、沖縄戦で犠牲になったすべての人の名前が刻まれています。遺族たちは、家族の名前が刻まれた碑に花を供えお祈りをします。

↑平和学習で「魂魄之塔」を訪れた地元の小学生たち。「魂魄之塔」は、戦後、畑や道路などに散乱していた犠牲者の遺骨を、地域の住民たちが集めてまつった場所です。

↑6月23日、糸満市役所から平和祈念公園までの道で、「平和行進」が行われます。遺族会が中心となり、子どもたちも参加します。

1年の中に残る、戦争の記憶にまつわる日。

広島 8月6日 "広島に原爆が投下された日"

1945（昭和20）年8月6日は、広島に原爆が投下され、一瞬にして14万人以上が犠牲となった日です。
毎年8月6日に平和記念公園で行われる平和記念式典には、大勢の遺族が集まり、原爆が投下された8時15分に、もくとうをささげます。
広島市内の子どもたちは、この日に向けてさまざまな平和学習に取り組んでいます。

↑2017（平成29）年8月6日の平和記念式典では、子ども代表（広島市内の小学校6年生男女）が「平和への誓い」を述べ、世界に向けて平和をうったえました。

↑8月6日の夜、平和記念公園の横を流れる元安川では、原爆で亡くなった人への想いや、平和への祈りをこめてとうろう流しが行われます。

長崎 8月9日 "長崎に原爆が投下された日"

1945（昭和20）年8月9日は、広島に続いて2発目の原爆が投下された日です。長崎では約7万4000人が犠牲となりました。
毎年8月9日に長崎市平和公園で行われる平和祈念式典では、原爆が投下された11時2分に、全員でもくとうをささげます。長崎市内の子どもたちは、この日に向けてさまざまな平和学習に取り組んでいます。

↑平和祈念式典では、爆心地に近い城山小学校と山里小学校が、1年交代で合唱をします。2017（平成29）年は、城山小学校の5・6年生が「子らのみ魂よ」を歌いました。

↑平和会館ホールでは、長崎市内の中学生が平和学習発表会を行います。2017（平成29）年は、三川中学校が被爆者の証言をもとに制作した紙芝居などを発表しました。

第1章 戦争体験を「語り」・「継ぐ」

広島

世界はここ広島で永遠に変わった。

しかし、今日、このまちの子どもたちは

平和に日々を過ごしている。

なんとすばらしいことだろう。

それは守っていく価値があり、

すべての子どもたちにも

広げていく必要がある。

―― 2016年5月27日、広島を訪れたアメリカのオバマ大統領（当時）のスピーチより

Illustration by Sachiko Ikoma

広島は、どんな原爆の被害があったの？

1945（昭和20）年8月6日、広島に世界で初めて原爆（原子爆弾）が投下されました。

写真で知る

（広島平和記念資料館／米軍撮影）

広島上空にきのこ雲が広がった

午前8時15分、広島の中心部に原爆が落とされました。原爆は上空約600mの上空で爆発し、ピカッと光ったあと、巨大なきのこ雲が立ち上りました。ピカっと光って、ドーンと爆発音を発したことから、原爆は「ピカドン」と呼ばれました。

広島のまちが焼け野原になった

（広島平和記念資料館／米軍撮影）

原爆が爆発したときに、広島のまちは一瞬で焼け野原になりました。爆心地から約160mの近さにあった広島県産業奨励館は、爆風と熱線をあびて大破し、天井から火をふいて全焼しました。

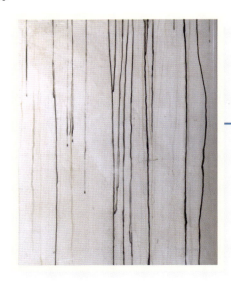

「黒い雨」が降ってきた

きのこ雲は、放射性物質をふくんだ黒い雨を降らせました。黒い雨にはねばり気があり、人の服や白い壁などに、雨のあとが残りました。池や川には、死んだ魚がたくさんうかんでいました。

（広島平和記念資料館／八島秋次郎寄贈）

【広島県産業奨励館】 西洋風の建物で、広島県の物産品の展示・販売を行うほか、博物館・美術館としての役割もになっていました。原爆により、ドームの鉄骨部分がむき出しとなり、いつしか市民から「原爆ドーム」と呼ばれるようになりました。

第1章 | 戦争体験を「語り」・「継ぐ」広島

地図で知る 1945年8月6日午前8時15分 広島に原爆投下

原爆による爆風で、爆心地から2km以内にあった木造の家はほぼ全壊し、生き残った人もほとんどいませんでした。強烈な放射性物質と熱線が放射されたため、爆心地から260mはなれた銀行の石の階段は、表面は白っぽく変化し、人が腰かけていたと思われる中央の部分だけが影のように黒くなって残りました。

焼け野原となった広島のまちは、「これから70年の間、草木が生えないだろう」と言われました。

(広島平和記念資料館資料より)

数字で知る 14万人が亡くなった

その年の12月までに、広島市民の約4割にあたる約14万人が亡くなりました。生き残った人でも、時がたつにつれてさまざまな病気になり、今でも苦しんでいる人がいます。

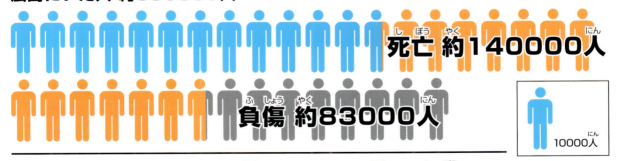

広島にいた人 約350000人

死亡 約140000人

負傷 約83000人

人 10000人

約 350000人のうち 約140000人が死亡（40%）

(負傷した人は、行方不明者もふくむ。)
(広島平和記念資料館資料より)

【黒い雨】爆発のときに巻き上げられたどろやちり、火事のすすなどが雨にとけこみ、雨水が黒くなりました。黒い雨には、放射性物質がふくまれていたため、爆心地から遠くはなれた地域の人の中にも放射線による障害があらわれました。

人に聞く

若い世代が平和について考える、「体験型」の企画展を主催

久保田涼子さん
第三世代が考えるヒロシマ「　」継ぐ展　代表

　久保田涼子さんは、東京や横浜といった広島以外の場所で「ヒロシマ」（被爆都市広島）をテーマにした企画展を開いています。どうしてこのような活動を始めたのか、その想いなどを聞きました。

8月6日が東京の人たちにとってふつうの日であることに驚いた

　広島出身のわたしは、小学生のときから平和学習が当たり前に行われている環境で育ちました。学校行事で原爆に関する映画を観たり、平和記念資料館に行ったりしていました。

　でも、そのころのわたしは、原爆に対しては「恐怖」「悲惨」「死」というイメージしか持っていなかったので、できれば関わりたくないものでした。

　そのため、わたしのおばあちゃんは被爆者ですが、わざわざおばあちゃんから原爆の話を聞いたりすることはありませんでした。

　大学生になったわたしは広島をはなれ、東京に上京しました。その年の8月6日8時15分（広島に原爆が落とされた時刻）、電車に乗ったわたしは、目の前の光景に違和感を抱きました。電車に乗っている人たち全員が、いつもと何も変わらず楽しくおしゃべりしたり、携帯電話をいじったりしていて、ふつうの日とまったく変わらなかったのです。

　広島では毎年、子どもから年輩の方まで心静かに原爆で亡くなった人たちのためにもくとうをする特別な日だというのに…。

　そんな東京の人たちの姿を見ていて、わ

【ヒロシマ】「被爆都市である広島」を指す場合にカタカナで表記することがあります。同じように「ナガサキ」も、「被爆都市である長崎」という意味で使われる場合があります。

ボランティアスタッフ同士の絆も宝物に

語

人は平和のいのちを伝えるためには、伝える人と受け取る人の二人がいて初めて、伝わるのではないだろうか。

そこには「語る人」と「継ぐ人」の二人がいる。普通ならば、話を聞いただけでは足りず、聞き手に決意がないと成り立たないのではないか。

「継ぐ」とは「繋ぐ」と同じ意味。まさに共同の仕事なのだ。

戦争体験を聞いたり読んだりして離れていた者を繋ぎ、成長させる「継ぎ手」をすることなのだ。

さらにそれを次のつらなり世代に伝える、ということなのだ。

戦争体験を語り継ぐには、体験者と同じくらい熱意を傾け、「継ぐ人」として自分を意識したとき、次へ伝える「私」が生まれる。

私が継いだものを、次へ伝える人として自分を消し、退屈だと感じる「私」は消える。

「平和は『退屈』ですか──元ひめゆり学徒と若者たちの500日」二〇〇六 岩波書店
下嶋哲朗

継ぐ展の構想のもとになった、下嶋哲朗さん『平和は「退屈」ですか』の引用文

消しゴムはんこでピースアクションを表明

自由研究に取り組む子どもたちも

チョークアートでえがく色とりどりの被爆アオギリの葉

久保田涼子●くぼたりょうこ
広島県広島市出身。ウェブサイト制作やスクール講師の仕事をするかたわら、2014年から毎年7月～8月ごろに東京・横浜などで企画展『第三世代が考えるヒロシマ「　」継ぐ展』を開催。仲間とともに、ヒロシマ（被爆都市広島）を次世代が継ぐための「考える場」を提供している。

たしは今まで当たり前だと思っていた原爆の日が、他の地域では当たり前ではなかったという事実に驚きをかくせませんでした。

けれども、2年、3年と東京に住んでいるうちに、そんなふつうの日と変わらない8月6日の光景は、わたしにとっても当たり前のものになっていきました。

今思うと、行動に移す前のわたしは、被爆都市ヒロシマや原爆について、知っているつもりで、平和学習内であたえられた情報以上の関心はなかったのだと思います。

広島出身のわたしだからこそできることって…、何かしたい！

大学を卒業してしばらくたって、原爆についての企画展をつくるきっかけとなる出来事が起こりました。

それは、『父と暮らせば』という朗読劇でした。広島の原爆で家族全員を失って生き残った娘と、娘の幸せを願うまぼろしの父親を演じる二人の女優さんに対して、わたしが広島弁の指導をすることになったのです。

この作品に参加して、わたしは8月6日以降の広島の人たちの心のかっとうや、復興に至るまでの経緯すら何も知らなかった自分に気づきました。それと同時に、広島出身ではない他県の女優さんが広島の原爆と真剣に向き合っているというのに、広島出身の自分は何もしてこなかったという反省の思いが生まれました。そして、「広島出身のわたしだからできることって何だろう。何かしたい！」と思うようになり、行動を起こしました。

まず最初に、広島にもどって資料館や平和関連施設をめぐり、自発的に平和学習をし直しました。おばあちゃんにも話を聞きました。家族や周りの仲間には「ヒロシマや原爆に関するテーマの中で、あなたなら何を知りたい？」と聞いて回りました。

そうして聞いたことをもとにして、自分が思いついたことを周りのいろんな人に話しているうちに、しだいに自分の考えがまとまっていきました。ちょうど2015（平成27）年で、戦後70年をむかえる節目の年でした。

左）平和への願いやイメージをえがいた、手づくりのとうろう。　右）平和記念公園内にある「原爆の子の像」の前で、原爆で亡くなった子どもたちにもくとうをささげる広島の中学生たち。このあと全員で「折り鶴のとぶ日」を合唱した。

【『父と暮らせば』】井上ひさし原作による二人芝居。一人は、原爆によって家族全員を失った若い女性で、もう一人は原爆で亡くなったはずのまぼろしの父。自分だけが生き残ってしまったという罪悪感を持ち続ける娘と、その娘の幸せを願うまぼろしの父との二人の心のやりとりを描いています。

第1章 | 戦争体験を「語り」・「継ぐ」広島

一人ひとりが、次世代に継ぐべき「何か」を探してほしい。

わたしは、8月に東京で「ヒロシマ」をテーマにした企画展を開催したいと周りの人に話しました。すると、話せば話すだけ考えがまとまり、わたしの想いに賛同してくれる仲間も増えていきました。

企画展の目的は、「未来をになう若い世代や親子に『平和学習』の場所を提供し、次世代へ継いでいく方法を、ともに考えていく場所をつくること。」に決まりました。

ただ受け取るだけでなく、伝える人へ

30代を中心とした仲間とともにつくる企画展の名前は、『第三世代が考えるヒロシマ「　」継ぐ展』（以下、『継ぐ展』）と決まりました。第三世代とは、原爆を体験した世代を第一世代、その子どもたちを第二世代とすると、わたしたち孫の世代が第三世代にあたります。そして、「」の中を白く空けたのは、企画展にたずさわった人たちが、ヒロシマの何を継ぐのかをそれぞれ考えてほしいという理由からです。

第三世代が考える
ヒロシマ「　」継ぐ展
Hiroshima - 3rd Generation Exhibition : Succeeding to History

↑企画展のロゴマーク。

第1回『継ぐ展』は、原爆に関したさまざまな展示のほか、被爆者の方やピースボランティアの人たちのお話を聞いたり、広島出身のミュージシャンとの音楽ライブなども行いました。たくさんの仲間の協力のおかげで、たった1週間で525名もの方が来場してくださいました。

■『継ぐ展』のくわしい情報は　http://tsuguten.com

また、「こんな場所がほしかった。」「広島に行く前に事前学習ができてよかった。」「子どもと初めて戦争について話すきっかけになった。」といったあたたかい感想をたくさんいただきました。

↑第3回『継ぐ展』東京世田谷会場の久保田さん。

　こうして無事に成功した『継ぐ展』はテレビや新聞に取り上げられました。もともと1回きりではなくて、毎年続けていこうと思っていたので、すぐに第2回目の準備を始めました。そして、『継ぐ展』は新たに知り合った人たちを巻きこんで、2年目、3年目と会場を変えながら、しだいに大きく広がっていったのです。
　そして、第4回は、仙台の会場で開催する予定です。広島から遠くはなれた東北地方で開催することに大きな意義を感じています。
　『継ぐ展』をここまで大きくできたのは、仲間や知り合った人たちのおかげです。それぞれの人が、自分の得意な分野で協力してくれました。現在まで10代の学生から60代の約100名がボランティアとして参加してくださっています。

　最後に、『継ぐ展』の「キービジュアル」について説明します。母親が娘に折り鶴を手わたしているイラストですが、1年目は手わたし、2年目は娘が受け取っている構図にしています。ここには、ただ「継ぐ」だけではなく、さらに次に「伝える」という意味をこめています。
　「受け取る側のわたしたちの姿勢が変われば、何かが変わるはず。受け取るだけでなく伝える人へ。」わたしたち「第三世代」から「第四世代」へ、今後もヒロシマをきっかけに戦争や平和について考えてもらうための場を提供し続けます。
　『継ぐ展』に来てくださった人が一人でも多く「受け取り」、「考え」、そして「伝える人」になっていただけることを願っています。

↑企画展(2年目)のキービジュアル。

【キービジュアル】　パソコンのウェブサイトや広告チラシなどで、中心となるイメージ画像のこと。伝えたいことが目に見える形で伝わるように、イラストやシンボルマーク、写真、言葉などを組み合わせてつくられます。

広島 活動を見る

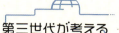

第三世代が考えるヒロシマ「　」継ぐ展 のこれまでの活動

Hiroshima - 3rd Generation Exhibition : Succeeding to History

2015年 7月30日〜8月6日 東京・中野

第1回は、久保田さんの想いに賛同したアーティスト仲間を中心に東京・中野で開催しました。若い世代ならではの視点で企画したいと考え、2015（平成27）年の広島から70年前の広島へ、まちの風景を写真でさかのぼる展示のほか、インターネットを使って、参加者が書いた平和のメッセージをこめたとうろうを仮想空間の川に流して広島に届けるとうろう流しをしました。

↑若い親子に参加してもらい、ゆっくり長くいてもらうことを意識した会場づくりを行った。

↑インターネットを使ったとうろう流し。

↑久保田さんとミュージシャン仲間によるライブ。

イベントでは、被爆者の方にお話をしていただいたり、久保田さんご自身が歌を歌う音楽ライブなども行いました。

2016年 8月3日〜8日 横浜みなとみらい

第2回は、助成金をもらうことができたため、横浜みなとみらいでの開催となりました。

場所が広くなったので、広島大学や地元の関東学院大学、神奈川大学とも連携して展示を行い、学生のボランティアが大勢参加しました。学生ボランティアは、会場の設営や片づけを手伝ったほか、期間

↑小学生に展示の解説をする学生ボランティア。

中には夏休みの自由研究のために来場した小学生に、展示の解説などを行いました。

そのほか、消しゴムはんこ作家の津久井智子さんによる「折り鶴はんこ作りワークショップ」を開催。「あなたができそうなピースアクション」のコーナーでは、20案のピースアクション（平和の行動）の中から、参加者に自分ができそうなものを選んでもらい、手づくりの「折り鶴はんこ」をモニュメントにおしてもらいました。

↑広い会場には、毎日たくさんの若い人たちが来場した。

→「あなたができそうなピースアクション」で、はんこをおす参加者。

2017年 7月30日〜8月6日 東京・世田谷／広島市

第3回『継ぐ展』は、東京・世田谷の企画会場をメインに、広島のサテライト会場でも展示やトークイベントが開催されました。

●世田谷会場

初めての試みとして、小学校高学年を対象とした自由研究サポート教室を行いました。参加者はスタッフと共に『継ぐ展』オリジナル自由研究ツールの中にある20の質問の答えを資料や展示から探していました。

また、「被爆アオギリの話を聞き、チョークで路上にアオギリの葉をえがこう」では、被爆したアオギリの木が奇跡的に再生した事実をもとにえがかれた絵本『アオギリのねがい』のお話を聞いた後、チ

↑自由研究サポート教室のようす。

→チョークで路上にアオギリの絵をえがくチョークアート。

ョークでその姿を路上に再現しました。
　被爆者2名を広島からおよびし、来場者と対話を行うイベントも開催しました。

◉広島サテライト会場

　2017（平成29）年は東京だけでなく、広島サテライト会場CLiP HIROSHIMAでも、展示とイベントが行われました。
　8月5日には、「広島市被爆体験伝承者養成事業」1期生の山岡美知子さんや保田麻友さん（→24ページ）に被爆体験のお話をうかがうイベントを行い、写真やイラストを用いて原爆投下当時の状況をわかりやすく説明しました。
　山岡さんや保田さんの、被爆体験を受け継ぎ、原爆や戦争の実態を語り継いでいく姿は、戦争体験をしていない第三世代が、これからの世代へどう継いでいくのかを考えるよい機会となりました。

◉広島とうろう流し会場

　8月6日には平和記念公園内のとうろう流し会場に、継ぐ展ブースが設置されました。ブース内は被爆者や伝承者などに取材したインタビューのパネルを展示し、インターネットを使った仮想空間に流すとうろう流しを行いました。世田谷会場から送られたメッセージも画面に投影されました。

　　　　　　　　　●

　第3回は、オープニングイベントとして、映画『この世界の片隅に』の上映を行いました。前年に公開されたこの映画は、原爆が落とされた当時の広島を舞台にしたアニメーションです。
　映画館でこの映画を観た久保田さんが、ぜひ『継ぐ展』で上映したいという想いで企画し、実現することができました。

↑絵本『アオギリのねがい』の弾き語り。

→絵本『アオギリのねがい 被爆アオギリ二世物語』（広島平和教育研究所発行）

↑原爆を知るトークイベント。

↑「とうろうにこめるメッセージ」のスタッフ。

→『この世界の片隅に』バリアフリー上映を実現。

©こうの史代・双葉社／「この世界の片隅に」製作委員会

全国各地に届く苗木「被爆アオギリ」と「被爆アオギリ2世」

広島平和記念資料館のそばに、「被爆アオギリ」の木があります。原爆が落とされたとき、この木は爆心地から約1.3kmはなれた逓信局の庁舎（現在の日本郵政グループ広島ビル）の中庭にあり、熱線をまともに受けて幹の半分が焼けました。

戦後、広島には草木が70年以上生えないといわれていました。ところが、この木は、翌年の春になって芽を出し、原爆の被害に苦しむ広島の人々に生きる勇気をあたえました。

1973（昭和48）年、被爆アオギリは現在の場所へ移植され、その後も毎年、種子をつけています。これらの種子から苗木を育てた「被爆アオギリ2世」は、「平和を愛する心」「命あるものを大切にする心」を後世につなぐために、全国の学校や公園、外国にもおくられ、多くの被爆アオギリ2世が元気に育っています。

↑平和記念公園にある被爆アオギリ。

戦時下の日常をていねいに伝える映画『この世界の片隅に』

映画『この世界の片隅に』は、戦時下の広島県呉市を舞台に、戦争によって大切なものを失いながらも、前を向いて毎日を生きる女性、すずをえがいたアニメーションです。

日本で大ヒットしただけでなく、海外でも高く評価されて、数々の映画賞を受賞しました。

原爆が落とされた当時の広島で暮らした、ごくふつうの人たちの生活を知ることができるだけでなく、「戦争と人の命」「人が生きるとは」などについて深く考えさせられる作品です。

↑すずが広島県産業奨励館（原爆ドーム）の絵をえがく場面。

↑すずたちの暮らす呉に戦争がやってきた場面。

■ Blu-ray & DVD
『この世界の片隅に』
監督：片渕須直／原作：こうの史代

発売・販売元：バンダイビジュアル
©こうの史代・双葉社／
「この世界の片隅に」製作委員会

【ストーリー】
主人公のすずは、絵をえがくことが大好きな少女。1944（昭和19）年、18歳のすずは突然の縁談で軍港のまち・呉へおよめに行くことになる。戦時下、あらゆるものが少なくなり、何度も空襲にさらされ、大切にしていたものが失われてもなお、毎日の暮らしを積み重ねるすず。そして、昭和20年の夏がやってくる…。

【被爆アオギリ2世が育っている国】　アメリカ、ドイツ、ロシア、フランス、イギリス、ベルギー、クロアチア、スペイン、ノルウェー、ボスニア・ヘルツェゴビナ、インド、イラク、イタリア、ニュージーランド、エジプト、スイス、モンゴルなど。

語り継ぐ活動を通して
『継ぐ展』に参加した大学生ボランティアが感じたこと

▶『継ぐ展』に参加した大学生ボランティアの感想を紹介します。

■「継ぐ」ことの重要性を感じた

以前から何かヒロシマや平和に関する活動に参加してみたいと思っていましたが、何もしていませんでした。今年こそはと思い、インターネットで検索してみたところ、ホームページで「継ぐ展」の告知を見つけました。

「継ぐ展」は、若い世代がクリエイティブな形でヒロシマを継いでいくというもので、ほかとちがっていて興味をひかれて応募しました。

被爆者の方々が証言できなくなる一方で、ヒロシマのことを知らない子どもたちが増えているというニュースはよく聞きます。そう考えると、知るだけではなく「継ぐ」ことの重要性を強く感じます。

「継ぐ展」に参加して、さまざまな人と知り合えたことで、30代や40代の方からわたしたち20代をふくめて第三世代なんだなと気づくことができました。

アイディアがないうちは先輩方の活動に参加して学びながら、第三世代同士で協働して考えて、継いでいけばよいのだと、この活動を通して知りました。

■家族や周りの友達に発信していくこと

広島に10年以上住んでいたにも関わらず、8月6日に実際に平和記念公園にいたのは初めてで、また長時間過ごしたのも初めてでした。

ふと、「自分が立ってる場所は71年前はどうなっていたのだろう。」と想像してみようと思いましたが、想像することはできませんでした。それまでの自分には現実と向き合う覚悟がなかったのです。

しかし、このボランティアを通じ、改めて自分たちには時間がないことに気づかされました。被爆者の方々の平均年齢は80歳を越え、生の声を聞く機会が年々少なくなっていることを思い知らされました。

これからのあたえられる機会をしっかりといかし、「現実」と向き合わなければと強く思いました。そして、わたし自身が見たこと・聞いたことを家族や周りの友だちに発信していくことが、わたしにとっての「継ぐ」ことです。

高齢の被爆者に代わってとうろう流しをするボランティア活動を主宰

保田麻友さん
ピース・ポーター・プロジェクト(PPP)代表
広島市伝承者養成事業1期生

大学生のとき、とうろう流しボランティアに参加。その後、8月6日のとうろう流しに行きたくても行けない被爆者のために、その代行をするピース・ポーター・プロジェクト(PPP)を立ち上げる。また、広島市の被爆体験伝承者第1期生となり、仕事の休みを使ってボランティア活動を続けている。

第1章 | 戦争体験を「語り」・「継ぐ」広島

保田麻友さんは、ピース・ポーター・プロジェクト（PPP）の代表として、被爆者のとうろう流しを代行するボランティア活動を行っています。なぜ、そうした活動を始めたのか、その想いなどを聞きました。

大学1年生のとき、友だちにさそわれて始めた

毎年8月6日の夜、広島では原爆の犠牲者を慰霊するためのとうろう流しが行われます。わたしがこのとうろう流しを初めて見たのは大学1年生のとき、友だちにさそわれたのがきっかけでした。

実は、わたしは生まれてからずっと広島で暮らしているのですが、それまで8月6日の原爆の日に平和記念式典に出たことも、とうろう流しに行ったこともなかったのです。

とうろう流しの会場に行ってみると、ものすごい数の色とりどりのとうろうに、それぞれ流す人の想いがこめられていて、ただ「きれいだな」と思う以上に、胸に感じるものがありました。また、そこにはボランティアの人が大勢関わっていることも知りました。

そこで、わたしもボランティアに参加したいと思い、インターネットで探して「とうろう流しを支える市民団体」にメールを送ったのが始まりです。

ボランティアを始めた次の年、ボランティア運営会議の中で、「被爆者の方の高齢化が進んで、とうろう流しに行きたくても行けない人たちが大勢いる。」という話が出ました。

そこで、「とうろう流しを支える市民団体」のメンバーが中心となって、とうろう流しの代行をするプロジェクトを立ち上げようという流れになりました。

↑8月6日の夜、原爆ドームの横を流れる元安川でのとうろう流しの様子。

【とうろう流し】古くから行われている日本の伝統行事で、夏のお盆の始まりに家々にむかえた先祖の霊を、お盆の最後の日に、小さなとうろうに火をともして海や川に流して送り返す風習。広島では原爆犠牲者の慰霊と平和の願いをこめて、8月6日の夜、平和公園の横を流れる元安川で行われています。

そして、当時20歳だったわたしが、このプロジェクトの代表を務めることになったのです。

とうろうを流すことによって若い人たちに"つなぐ"活動

ピース・ポーター・プロジェクトとは「平和を運ぶプロジェクト」という意味です。

まず、インターネットで募集した青年ボランティアの人たちが、8月6日より前に、とうろうを持って老人福祉施設などにいる高齢の被爆者の方を訪ねます。そこで、被爆体験などを聞きながらとうろうに言葉を書いてもらい、そのとうろうを8月6日の夜、高齢者の方に代わって元安川に流すのです。

ボランティアには、広島県内だけでなく全国からの応募があります。

↑老人福祉施設で被爆者の方たちの体験を聞き取りするPPPのスタッフ。

ボランティアに参加した高校生や大学生の学生スタッフは、被爆者の方たちと真剣に向き合って話を聞きます。

学生スタッフに聞くと、「今まで、自分は被爆体験を聞いたことがあると思っていたけれど、1対1で聞いたのは初めてだった。より原爆や戦争というものを身近に感じた。」と言っていました。

1対1での対話のよい所は、被爆者の方が聞く人の目を見て、相手の反応を見ながら話をしてくれることです。また、聞く人が何か質問したときに、すぐ答えを返してもらうこともできます。

そうして話をしているうちに、被爆者の方も泣かれますし、聞いているスタッフもなみだが出ているんです。自分のすぐ横にいると、直接的に想いが伝わるんですね。そういった部分は、講話のように一人の人が大勢の人の前で話すよりも、1対1で話すことのよさだと思います。

つまりこの活動のいちばん大切な点は、高齢の被爆者の方の代わりにとうろうを流すという行動を通じて、被爆者の方と若い人とをつなぐことなんです。

被爆者の方たちは、それぞれ複雑な想いがある

けれども一方では、この活動をやっている中で、つらい場面もあります。

被爆者の人たちの中には、戦後、差別を受けた人も少なくないので、自分の被爆体験を思い出したくなかったり、人に話したくない方が大勢いるんです。

あるとき、わたしは、ある被爆者の方から「あんたにはわかるわけがない。」と拒絶するように言われたこともありました。そのときは、この活動を続けていくことになやんだりしました。

それでも、この活動を続けてこられたのは、「本当は話したくないのだけれど、次

【老人福祉施設】老人福祉を行うための施設です。地方自治体や社会福祉法人が運営している養護老人ホームや特別養護老人ホームなどがあります。

の世代のために話しておかなければ。」という想いで、一生懸命に話してくれた被爆者の方が大勢いたからです。

わたしの場合は、ある被爆者の女性から、「今までだれにも話したことがなかったけれど、あなただから話した。」と言われたことが支えになりました。

この活動は10年以上続いていますので、参加したときは大学生だったスタッフたちが社会人となって、もう一度参加してくれたり、いろいろな方法で、周りに伝えてくれています。

被爆者から聞いた想いを伝えるため、伝承者になった

体験を語れる被爆者がどんどん減っていく中で、わたしが被爆者の方々から聞いた平和への想いをなんとかして伝えていけないかと思っていたとき、広島市の広報で「伝承者」を募集していることを知りました。

伝承者というのは、被爆者の代わりに被爆体験を語る人のことです。そういった事業が始まったことを知って、わたしはすぐに応募しました。学生のときに生徒会などの役員をやっていたので、人前で話すことにはずかしさのようなものはありませんでした。

伝承者になるには3年間の研修があります。研修に参加することが難しくなり途中ではなれていく人もいました。

研修では被爆被害について学んだり、アナウンサーのように人前での話し方を学んだりしました。

また、20人ぐらいの被爆者の方の話を聞いて、自分がだれの被爆体験を語り継ぐかを決めます。そして、両者の組み合わせが決まったら、1年間グループで研修をしてその人の代わりに話せるかどうかのテストを受け、3回テストに合格してようやく伝承者となります。

わたしは、同じ母校の82歳の男性の証言を語り継ぐことに決め、伝承者の第1期生となりました。

このまま被爆者の高齢化が進むと、近い将来、とうろう流しを代行する活動は成り立たなくなりますし、被爆者の生の声を聞くこともできなくなります。

今は、わたしたち伝承者がいかに次の世代にバトンタッチできるかという大事な時期だと思います。

わたしには、被爆者の声を直接聞けた最後の世代として、次の世代に伝える使命があります。ですから、被爆者の方たちがいなくなったとき、わたしたちの世代の伝承が始まるのです。

↑被爆者の方と1対1で話すボランティアスタッフ。

戦争の話を聞いただけで終わりではなくて知って、感じて、考えて、行動してほしい。

若い人たちが行動をしてくれて初めてむくわれる

伝承者となってから、わたしは修学旅行生の前で何度か講話をしました。

若い生徒さんたちは、一人ひとり何かを感じてくれているとは思うのですが、だいたいの場合、そのまま帰ってしまいます。

そこでわたしが感じたことは、彼らが何を感じているのかがよくわからないということです。そういったモヤモヤした気持ちを、これまで被爆体験を話されてきた人たちは、ずっと感じていたんだなと思いました。

被爆体験の話を聞いた若い人たちは、ただ聞いて終わりではなくて、自分が知ったり、感じたりしたことについて、自分と結びつけて考えてほしいのです。そして、考えたら行動してほしいと思います。

行動というのは、例えば、身近な人に戦争の話を聞いたり、戦争について調べたり、個人的に広島や長崎を訪ねてみることでもいいでしょう。

若い人たちが行動してくれるのを見て初めて、わたしのモヤモヤした気持ちがすっきりして、わたしたちの活動はむくわれるのです。

そうした若い人たちの行動が全国的に広がったときに、わたしたちに二度と同じ思いをさせたくないと、70年間も声をあげ続けてくれた被爆者の方たちに恩返しができるんじゃないかなと思います。

広島 施設を見る

広島平和記念資料館の活動

広島平和記念資料館でのおもな活動を紹介します。

被爆体験講話
被爆者ご本人（被爆体験証言者）が、ご自身の被爆体験を証言します。

被爆体験伝承講話
被爆者から被爆体験を受け継いだ「被爆体験伝承者」による講話です。

ヒロシマ ピース ボランティア
ボランティアスタッフが、資料館の展示や平和記念公園内と周辺の慰霊碑などの解説を行います。

平和学習講座
広島平和記念資料館が養成した講師がパワーポイントを使用して、被爆の実態や核兵器をめぐる世界情勢を説明します。

↑修学旅行の高校生に被爆体験の話をする被爆者。

◀ 職員さんに聞く ▶

若い伝承者が増えてほしい

新田智則さん
広島平和記念資料館
啓発課 主幹

広島平和記念資料館には、国内外から年に170万人以上の入館者が訪れます。特に、2016年にはオバマ大統領（当時）が広島に来た影響などもあってか、外国人の入館者が4年前の2倍以上に増えました。

全国からやってくる修学旅行生にとって、被爆者による実体験の講話は、若い人たちが原爆を身近なこととして受け止められる重要な役割を果たしてきたのですが、お話ができる被爆者の方が年々減っていることが問題となっています。

そこで、広島市は2012（平成24）年から、被爆者の方から被爆体験や平和への思いを受け継ぎ、それを伝える被爆体験伝承者の養成を始め、すでに90名の伝承者が誕生しています。

ただし、20〜30代の若い伝承者や英語を話せる伝承者が少ないので、今後は、そういった伝承者が増えてほしいと思います。

■広島平和記念資料館のくわしい情報は　http://hpmmuseum.jp

広島 学校で聞く

# サダコさんの母校から平和を発信する
# 広島市立 幟町小学校
>>> NOBORICHO Elementary School

広島市立幟町小学校は、広島市で最も歴史のある学校で、「原爆の子の像」のモデル「サダコ」こと佐々木禎子さんの母校です。その伝統ある平和学習と児童の活動を紹介します。

「原爆の子の像」のモデルになった佐々木禎子さん

現在、世界中にその名が知られている「サダコ」こと佐々木禎子さんは、2歳のときに被爆しました。幸い命は助かり、その後、幟町小学校に入学して勉強やスポーツにはげみました。

ところが6年生のとき、原爆症による白血病で入院。入院生活の中で、「折り鶴を1000羽折ると願いがかなう。」と信じ、病気が治るようにと、折り鶴を折り続けました。

けれども禎子さんが折り鶴にこめた願いは届きませんでした。病状が悪化した禎子さんは、中学1年生（12歳）でその短い生涯を終えたのです。

その後、原爆で亡くなった子たちのために像を建てようという運動が広がりました。全国からの寄付によって、1958（昭和33）年、禎子さんをモデルにした「原爆の子の像」が完成しました。

↑平和記念公園内にある「原爆の子の像」。

↑「原爆の子の像」には、毎年、全国から平和を願う新しい千羽鶴が届き、供えられています。

【折り鶴の少女】佐々木禎子さんの人生は、絵本『折り鶴の少女』をはじめ、たくさんの本や映画にも取り上げられました。海外でも英語の本で出版され、「サダコ」が世界中の人に知られるようになりました。

第1章 | 戦争体験を「語り」・「継ぐ」広島

＞原爆の日の平和集会を訪問

静まり返った体育館

　2017（平成29）年8月4日（ふだんの年は8月6日）。夏休み期間中ですが、この日は全校登校日で、原爆の犠牲者を追悼する平和集会が行われました。

　体育館は、ふだんの日とはちがった緊張感があります。取材に来たテレビ局や新聞社の人たちが、体育館の周りを取り囲んでいます。

　体育館に全校生徒がそろうと、
「雰囲気をつくりましょう。」
という先生の声で、広い体育館の中はしーんと静まり返り、厳しゅくな雰囲気になりました。小さい1年生たちも前を向いて静かに座っています。

　最初に、原爆で犠牲になった方々に対して全員でもくとうをしました。

　その後、学校の代表である運営委員から、「原爆の子の像」にみんなが折った折り鶴をおさめてきた慰霊祭の報告がありました。

　また、各学年の代表による平和学習の取り組み発表などを聞きました。みんな静かに聞いていました。

　続いて、1年生から6年生までのたて割り班ごとに集まり、平和の取り組みについて意見をまとめました。意見がうまく言えない下級生の子がいると、6年生がやさしく声をかけていました。

　集会の最後に、平和への願いをこめて、みんなで「アオギリの歌」を合唱しました。

　およそ1時間ほどの集会でしたが、サダコさんの母校である幟町小学校の児童たち

↑集会が始まる前の静かな時間。

→ステージには、5年生がつくった折り鶴やとうろうがかざられました。

↑平和集会の運営委員が進行を務めます。

【折り鶴】折り鶴は日本の伝統的な文化である折り紙の一つですが、現在では平和のシンボルと考えられ、多くの国々で平和を願って折られています。「原爆の子の像」には国内外から年間約1000万羽、重さにして10トン以上の折り鶴が届くそうです。

は、しっかりと伝統を受け継いで、平和学習に取り組んでいました。

集会が終わると、数名の児童がテレビ局のインタビューを受けましたが、どの子もカメラの前ではっきりと自分の意見を言えていることに驚かされました。

平和集会で気づいたことを教室でふり返る

集会の後、児童たちはそれぞれの教室にもどり、平和集会のふり返りの時間も持ちました。

4年生のクラスに入ってみると、教室の後ろに原爆に関する本がたくさんならべられていて、平和学習への意識が、とても高いことがうかがえます。

教室では、担任の先生が平和集会の感想を書いて発表するように子どもたちに声をかけていました。

幟町小学校では、どの教室にも「してもされてもうれしいこと」という、活動目標がはられていて、ふだんから人に対する思いやりの心を大切にしていることがわかります。そのためか、子どもたちが発表した平和集会の感想の中には、「戦争をなくすには、相手のことを思いやることが大切。」といった内容の意見が多くありました。

幟町小学校の平和集会を通して、児童たちが8月6日だけではなく、ふだんから佐々木禎子さんの母校で学んでいることを全員が意識していることがわかりました。

↑教室の後ろにある原爆関連の本。

↑各教室では、平和集会で自分が感じたことを一人ひとりまとめます。

↑平和への意見を書く児童。

◎平和集会後の4年生の感想

"原爆（戦争）は、小さいことからはじまると思います。だから、ぼくたちは、人のいやがることをしないことが大事だと思いました。"

"自分の命だけじゃなくて、人の命を考えることが大切だと思いました。"

↑平和への意見を発表する児童。

してもされてもうれしいこと（元気が出ることばやおこない）	
ことば	あいさつ「おはよう」「さようなら」「またね」「だいじょうぶ？」「だいじょうぶだよ」「やったね」「ざんねん！」「がんばれ」「すごいね」「よかったね」など、やさしいことばをかけること。
しんせつ	まつ、ゆずる、たすけるなど、人を思いやること。ものや人をたいせつにすること。
なかまづくり	いっしょにあそぶ、おしえあう、たすけあう、おてほんにする、きょうりょくしてしごとをするなど、あたたかくかかわりあうこと。

←「してもされてもうれしいこと」は、幟町小学校の児童たちのやくそくとして、どの教室にもかかげられています。

◆先生に聞く◆

「自分のこと」としてとらえられるように

大崎仁恵先生
平和学習担当

平和学習を指導する中で、事実を知ることは大切ですが、被爆者の方のケロイドの写真や亡くなった方の遺体の絵などは、子どもにとってはとてもショッキングなものです。

ですから、子どもたちのトラウマにならないように、見せる写真や映像には特に気をつけるようにしています。

また、学校で「やらされた」平和学習になってしまうと、本当には身につきません。子どもたちが「自分のこと」としてとらえられるように、身近な取り組みを心がけています。
平和を発信する幟町小学校で学んだことを、大人になったときに一つでも思い出してくれることを願っています。

【ケロイド】皮膚に受けた傷があとになって盛り上がった状態。被爆者の人たちの多くは、原爆の後に発症したケロイドに苦しみました。

世界から核兵器をなくすには？

資料を見て、どうしたら原爆などの核兵器をなくすことができるか話し合ってみましょう。

- 世界の国の代表が、話し合いを続ければなくせると思う。

- 核兵器をもっている国の人たちに、広島や長崎の原爆のおそろしさをもっと知ってもらえばいいと思う。

- 核兵器を作っている人たちにも子どもがいるはず。世界の子どもたちが反対すれば、核兵器をなくせるかも。

- アメリカとロシアが協力して、核兵器をなくせば、ほかの国もなくせるんじゃないかな。

資料❶ 世界の核兵器の数

核兵器は、たった1発で数十万人の命をうばうおそろしい兵器です。
少しずつ数は減っていますが、世界には、まだ1万発近くもの核兵器があります。

■国別の核兵器数
出典：Nuclear Notebook

- ロシア 4300
- アメリカ 4760
- イギリス 225
- フランス 300
- 中国 250
- 北朝鮮 10未満
- パキスタン 120
- イスラエル 80
- インド 110

世界の核兵器の数（2014年）
約9920発

■世界の核兵器数の変化
出典：Nuclear Notebook

年	発数
1945	2
1950	304
1955	2622
1960	20265
1965	37320
1970	37863
1975	47142
1980	55255
1985	62574
1990	55162
1995	29880
2000	23566
2005	16107
2010	11071
2014	9920

資料❷ 世界の核兵器開発と核兵器をなくすための努力

"赤文字"は核兵器の開発
"緑文字"は核兵器をなくすための努力

❶ビキニ環礁水爆実験(1954年)

1954(昭和29)年3月1日に、南太平洋のビキニ環礁でアメリカ軍が水爆実験を行いました。近くで操業していた日本の漁船「第五福竜丸」が放射性物質をふくんだ「死の灰」を浴びました。

❺中距離核戦力全廃条約(1987年)

核兵器の開発競争を行ってきた2つの大国、アメリカとソ連が初めて、ヨーロッパに配備している中距離核兵器を全廃する条約を結び、両国のトップが握手を交わしました。

年	できごと
1945	アメリカが広島と長崎に原爆投下
1949	ソ連が原爆の実験に成功
1952	イギリスが原爆の実験に成功
1954	アメリカがビキニ環礁で水爆実験を行う❶
1960	フランスが原爆の実験に成功
1963	部分的核実験禁止条約(PTBT)調印❷
1964	中国が原爆の実験に成功
1968	核兵器拡散防止条約(NPT)調印❸
1969	戦略兵器制限交渉(SALT)開始❹
1974	インドが原爆の実験に成功
1987	中距離核戦力全廃条約(INF)調印❺
1996	包括的核実験禁止条約(CTBT)調印❻
1998	パキスタンが原爆の実験に成功
2006	北朝鮮が地下核実験を行ったと発表
2017	国連で核兵器禁止条約が122か国の賛成で採択❼ 北朝鮮が4度目の核実験を行う

❼核兵器禁止条約(2017年)

国連総会で、核兵器禁止条約が122か国の賛成で採択されました。写真は、握手を交わして喜びを分かち合う日本の被爆者です。しかし、この条約にはアメリカやロシアなど核保有国が参加していないなどの理由で、日本は参加していません。

❷部分的核実験禁止条約(PTBT) 大気圏内、宇宙空間及び水中における核実験を禁止する条約です。アメリカ、ソ連、イギリスが批准しました。 ❸核兵器拡散防止条約(NPT) 核軍縮を目的に、アメリカ・ロシア・イギリス・フランス・中国の5か国以外の核兵器の保有を禁止する条約です。フランスと中国は1992年に批准しています。 ❹戦略兵器制限交渉(SALT) アメリカとソ連の間で始まった、おたがいの所有する核兵器の数の制限などについて話し合う交渉です。 ❻包括的核実験禁止条約(CTBT) 宇宙空間・大気圏内・水中・地下をふくむあらゆる空間での核兵器の実験による爆発、その他の核爆発を禁止した条約です。

第2章　戦争体験を「語り」・「継ぐ」

長崎

長崎の鐘よ鳴れ　長崎の鐘よ鳴れ

わたしたちの肉親をうばった

わたしたちのからだをむしばんだ

あの原爆が　いかにおそろしいものであるか

あの戦争が　いかにおろかなものであるか

長崎の鐘よひびけ　長崎の鐘よひびけ

地球の果てから　果ての果てまでも

わたしたちの願いをこめて

わたしたちの祈りをこめて

―― 長崎市平和公園内にある長崎の鐘の碑文より

Illustration by Sachiko Ikoma

資料を見る

長崎は、どんな原爆の被害があったの？

1945（昭和20）年8月9日、広島に原爆が投下された3日後に、長崎にも原爆（原子爆弾）が落とされました。

写真で知る

長崎上空にきのこ雲が広がった

〈長崎原爆資料館／米軍撮影〉

1945年8月9日、長崎の中心部よりやや北部に、原爆が落とされました。原爆は、午前11時2分、上空約503mで爆発しました。この日、アメリカ軍は小倉（北九州市）に原爆を落とす予定でしたが、小倉の上空は雲におおわれていたので、第二目標とされていた長崎に原爆を落としました。

長崎のまちが焼け野原になった

（林重男氏撮影）

原爆が爆発したあと、長崎のまちは一瞬で焼け野原になりました。爆心地から約500mの近さにあった浦上天主堂は、爆風でくずれ、火災で屋根とゆかが焼けました。また、重さ約50トンの鐘楼ドームは、爆風で約35mもはなれた川まで転げ落ちました。

爆風でくずれた城山国民学校

（長崎原爆資料館／林重男撮影）

城山国民学校は、爆心地のいちばん近くにあった国民学校です（爆心地から約500m）。鉄筋コンクリート建ての校舎は、原爆の爆風とその後の台風でくずれました。学校にいた33人のうち、29人が亡くなりました。

【浦上天主堂】1925（大正14）年に完成した教会です。赤レンガづくりで、東洋一の大きさをほこっていました。現在も、天主堂の植えこみに置かれている石像（聖像）は、原爆の熱線で黒くこげたり、鼻や腕、指がもぎとられたり、頭部が欠けた状態で残され、被害の様子を今に伝えています。

第2章 | 戦争体験を「語り」・「継ぐ」長崎

地図で知る

1945年8月9日午前11時2分 長崎に原爆投下

爆心地から2km以内は、焼け野原となりました。爆心地から約700mはなれていた女子学生の弁当箱は、原爆が爆発したことによる火災で、中のご飯が焼かれて真っ黒な炭になりました。また、爆心地から約1.5kmはなれた国民学校のコンクリートの階段には、爆風で飛び散ったガラスの破片がつきささりました。

長崎に落とされた原爆は、広島にくらべて破壊力がさらに強いものでしたが、山に囲まれていたため、被害の範囲はおさえられたといわれています。

（長崎原爆資料館資料より）

数字で知る

7万4000人が亡くなった

その年の12月までに、市民の3割にあたる約7万4000人が亡くなりました。広島と同じように、生き残った人でも、時がたつにつれてさまざまな病気になり、今でも苦しんでいる人がいます。

長崎にいた人 約240000人

死亡約74000人

負傷約75000人

10000人

約240000人のうち約74000人が死亡（31%）

（長崎原爆資料館資料より）

【国民学校】現在の小学校です。太平洋戦争が始まる8か月前の1941（昭和16）年4月、それまでの尋常小学校にかわって皇国民（国のため、天皇のために戦う子どもたち）を育てるためにつくられました。

長崎 人に聞く

「平和の泉」のガイドをする浦川さん。

青少年ピースボランティアで活動する大学生

浦川佳絵さん
長崎市青少年ピースボランティア

長崎市生まれで、祖父母が原爆を体験している。地元の大学に入学してから、長崎市青少年ピースボランティアに参加。同じ想いを持つ若者たちと共に、平和を発信する活動を続けている。

浦川佳絵さんは、長崎市青少年ピースボランティアで活動している大学生です。ボランティアの活動内容や、浦川さんが制作にかかわった、平和発信用ガイドブック「STEP」への想いなどを聞きました。

長崎でしかできないことをしたい！

長崎市青少年ピースボランティアは、長崎市が1年を通して募集しているもので、今は高校1年生から29歳まで、250人ほどいます。

わたしは、高校生のときに友だちがやっていたので知っていたのですが、始めたのは地元の大学に入ってからです。長崎生まれのわたしは、長崎のことが大好きなので、「長崎でしかできないことをしたい！」と思って、応募しました。

他県の学生との交流で、原爆への理解が深まった

活動はだいたい月に2回ぐらいです。いちばん大きな活動は、原爆の日の前日と当日の2日間にわたって行われる「青少年ピースフォーラム」です。

青少年ピースフォーラムというのは、他県の小中高校生らが平和使節団として、全国から400人以上やって来て、わたしたち長崎の高校生や大学生と交流し、長崎の原爆について学ぶイベントです。

わたしたちピースボランティアは、5月ごろから準備を始めて、本番直前まで練習を重ねます。

平和公園や浦上天主堂など、長崎市内にある被爆遺構のガイドができるようにしたり、意見交換の練習をしたりするのです。

このピースフォーラムに参加してよかったことは、わたしがこれまで知っているつもりだった原爆への理解が、より深まったことです。参加しなければ、わからなかったことがたくさんあったと思います。

それから、ピースボランティアの中から10人ほどが、県外に研修に行く機会があります。それで、わたしは初めて広島に行きました。広島のピースクラブの中高生に案内されて、原爆ドームや平和公園などを訪ね、広島の原爆について学びました。

わたしたちは、長崎での原爆を伝える活動を紹介し、広島の人たちからは、広島で行われている取り組みを聞きました。同じような取り組みがあったり、ちがっている部分もありました。

↑2017(平成29)年8月8日、長崎市の平和会館で開かれた青少年ピースフォーラム。

【浦上天主堂】 旧浦上天主堂は赤レンガ造りの、東洋一といわれた大きな教会でした。原爆の日、天主堂は爆風で崩壊し、火災で屋根とゆかは焼失しました。聖堂はかべの一部を残すだけで、聖人像などの石像もほとんどがくずれました。現在の浦上天主堂は1959(昭和34)年に再建されたものです。

そこで知ったのは、被爆者が戦後も差別などを受けて精神的にも社会的にも長く苦しんだことは、長崎も広島も同じだったということです。

広島で学んだことを長崎でも伝えていきたいと思いました。

若い人に気軽に読んでもらえるガイドブックをつくった

2015(平成27)年に、平和発信用ガイドブック『STEP』をつくったんですが、わたしは原爆のページを担当しました。

まず、手に取って読んでもらうことが大事ですので、これまでの難しいガイドブックとはちがって、わかりやすさにこだわりました。デザインなどもわたしたち世代が手に取りたくなるようにと考えてつくったものです。

若い人たちに、原爆を理解するための入り口になるものとして、気軽に読んでもらえるとうれしいです。

この活動をやっていて「よかったな。」と思えるのは、若い人たちが長崎の原爆に関心を持ってくれたときです。

2016(平成28)年3月に体験者の手記の展示会をやったとき、来場者の若い人たちが熱心に資料を見てくれていたのが今でも印象に残っています。

わたしたちが、長崎からメッセージを発信することによって、若い人たちが平和を考えるきっかけができればいいと思います。そして、わたしたちと同じように、平和のために行動する若い仲間が増えていったらうれしいです。

↑2017(平成29)年の青少年ピースフォーラムで原爆落下中心地碑のガイドをする浦川さん。

↑平和発信用ガイドブック『STEP』。長崎市のホームページから、日本語・英語・フランス語の3か国語がダウンロードできます。

 施設を見る

長崎原爆資料館の活動

長崎原爆資料館でのおもな活動を紹介します。

長崎原爆資料館は、長崎に投下された原爆被害の悲惨さや平和への願いを広く知ってもらうために、1996(平成8)年に開館しました。

原爆の実態を知る展示だけでなく、資料館を中心として、青少年によるさまざまな活動を行っています。

↑「原爆殉難教え子と教師の像」のガイドをする様子。

■青少年ピースボランティア

高校生から29歳までのボランティアが、被爆建造物のガイドや、県外の学生との交流、平和祈念式典でのボランティアなどを行っています。

■青少年ピースフォーラム

全国の平和使節団の青少年と長崎の青少年とがいっしょに被爆の実態や平和の尊さについて学び、交流を深めています。

■少年平和と友情の翼

長崎市内の中学生を夏休み期間中に沖縄県に派遣します。長崎原爆と沖縄戦の悲惨さについて学び、地元の中学生との交流を通して平和の大切さについて考えます。

■平和学習発表会

長崎市内の中学生が平和会館に集まり、日ごろ取り組んでいる平和学習の成果などの発表をします。

←2017(平成29)年の平和学習発表会の様子。

長崎 活動を見る

日本や世界へ、平和の輪を広げていく
「高校生平和大使」の活動

長崎の高校生を中心に、核廃絶と平和な世界への実現に向かって活動しています。

「ビリョクだけど、ムリョクじゃない！」
核廃絶と平和な世界をめざして

長崎で高校生平和大使の活動が始まったのは、1998（平成10）年です。その年の5月、インドとパキスタンが核実験を強行するという出来事がありました。被爆のおそろしさを知る長崎の人々は、核兵器の悲惨さを世界に伝えなければいけないと、未来をになう若者を「高校生平和大使」として国連に派遣することに決めたことが始まりです。

現在、高校生平和大使の活動は、「ヒロシマ・ナガサキ・ピース・メッセンジャー」として、世界各地で受け入れられるようになりました。おもな活動は、1年間で集めた署名（高校生1万人署名活動）を国連に届けること、2000（平成12）年からは、スイス・ジュネーブで行われる軍縮会議で平和についてのスピーチを行うことなどです。

核兵器廃絶の声を日本代表として伝え続け、また長崎の被爆者の想いを世界へ伝え続けます。

↑軍縮会議でスピーチを行う代表者。

→軍縮会議を見学する高校生平和大使のメンバー。

【軍縮会議】軍備を縮小するための国際会議。ジュネーブ軍縮会議ともいう。2017（平成29）年現在、65か国が加盟し、核軍縮の問題などが話し合われています。

「黒焦げの少年」の家族と出会い 被爆について世界に伝える

　高校生平和大使のメンバーは、ジュネーブ軍縮会議で1枚の写真を使った発表を行いました。原爆投下の翌日に撮影されたその写真は、熱線に焼かれた少年を写したもので、「黒焦げの少年」と呼ばれ、長い間人々に被爆のおそろしさを伝えてきました。

　戦後71年が経った2016(平成28)年、写真を見た家族の申し出がきっかけにでほぼ身元が特定され、「兄にやっと会えた。」と話す二人の妹さんと話すことができました。

　「少年に自分と同じように家族がいて、ずっと待っていたことを知りました。それから、今までこわいと思っていたこの写真の見え方が、変わったように思います。」と感じたことを伝えます。

　高校生平和大使のメンバーは、「こうした活動をむかえ入れてもらい、賛同していただける人のつながりが広がっていけば、いつか大きな力になる。そう信じて、地道な活動を積み上げていきたい。」と力強く話します。

↑写真を見せながら、被爆者の想いを伝えます。

↑平和の架け橋になる活動を世界各地で続けています。

自分たちの力でできることを「高校生1万人署名活動」

　高校生平和大使の活動の中に、「高校生1万人署名活動」があります。2001(平成13)年1月、高校生平和大使募集をきっかけに集まった高校生たちは、核兵器廃絶をめざす活動を自分たちの力でやりたいと話し合い、署名活動をすることに決めました。これが「高校生1万人署名活動実行委員会」の始まりです。

　発足当初は、高校生の署名を集めようと考えていました。「長崎の高校生は1万人くらいいるだろう。」と思いこの名前にしましたが、毎週日曜日の署名運動や、世界各地で活動をするまでになり、今では年間で140万人以上の署名が集まっています。

↑長崎駅前に立ち、一人ひとりの署名をもらいます。

【署名活動】多数の署名(名前を書いてもらうこと)を集めることで、理解する人を増やしたり、何かをうったえ出たりするために行う活動。

長崎 学校で聞く

被爆校舎を残して原爆を伝える
# 長崎市立 城山小学校
>>> SHIROYAMA Elementary School

長崎市立城山小学校は、原爆の爆心地に最も近く、最も被害の大きかった小学校(当時は国民学校)です。そうした背景を持つ小学校での平和学習を紹介します。

原爆の被害を残す被爆校舎

長崎へ修学旅行で訪れた小中学生や長崎の原爆に関して調べに来る高校生・大学生が必ず訪れる場所が、城山小学校です。

城山小学校(当時は城山国民学校→38ページ)は、爆心地からわずか500mという距離にあります。原爆が投下された1945(昭和20)年8月9日、児童は学校に登校していませんでしたが、在籍していた約1,500人の児童のうち、1,400人あまり、職員31人中28人の尊い命が犠牲になりました。学校の周辺の樹木はことごとくなぎたおされ、校舎も大きな損傷を受け、授業が再開できず、近くの学校の教室を借りて授業を行っていました。

戦後、1948(昭和23)年4月に校舎が改築され、長崎市立城山小学校として授業を再開することができました。その後、被爆校舎を残したいという児童や地域の方々の願いで「平和祈念館」として当時のまま保存されることになり、2016(平成28)年には、「長崎原爆遺跡」として国の史跡に指定されました。

↑平和祈念館として保存されている被爆校舎。

↑平和祈念館の中には、城山国民学校が被爆した際の写真や資料、遺品などが保存されています。

【少年平和像】城山小学校の入り口に建つ「少年平和像」は、原爆で亡くなった児童や先生たちの霊をなぐさめ、平和のシンボルとするため、彫刻家の富永直樹さんによって、1951(昭和26)年に建てられました。

第2章 | 戦争体験を「語り」・「継ぐ」長崎

被爆校の児童であることを学校生活で意識する

現在、城山小学校の校内には、被爆校舎のほかに、「被爆のクスの木」「少年平和像」「原爆殉難者の碑」「嘉代子桜」など、数々の平和遺構があります。つまり、学校そのものが平和学習の場なのです。

城山小学校では、毎月1回、年12回の平和祈念式が行われています。先生たちは、黒い服を着て式に参加します。そして、被爆者の方から、原爆を体験した話を聞いたり、先生から被爆遺構や平和遺構についての話を聞いたりします。

また、学年ごとに被爆遺構や平和遺構について学んだり、平和ポスターや作文、ピースキャンドルなどをつくる平和学習を行っています。

城山小学校には、ふだんから多くの修学旅行生が平和遺構を見学にやって来ます。子どもたちはつねに、自分たちが被爆校の児童であるということを意識する環境にあるのです。

↑学校入り口にある「少年平和像」。原爆ですべてを失った城山小学校の児童が、平和を求めて立ち上がる姿をかたどったものです。児童・職員・地域の方々は、この像の前を通るときには拝礼しています。

↑校庭にある「原爆殉難者の碑」の前で遊ぶ城山小学校の児童たち。原爆で亡くなった方々のめい福を祈り、平和を祈念するためにつくられた碑です。

◀先生に聞く▶

被爆校の卒業生として語り伝えてほしい

竹村浩明校長先生
城山小学校校長

城山小学校は長年平和学習に取り組み、原爆の悲惨さと平和の大切さを学び、その継承と発信を行ってきました。

6年間の平和学習を通して、この学校が長崎の原爆を語り伝えていく上で、とても重要な学校であることをしっかりと学んでいきます。

ですから、この学校の卒業生は、「自分たちが平和を発信する役目になっているのだ。」ということを自覚して卒業していきます。

城山小学校で学んだ長崎の原爆や平和について、周りの人たちにも正しく語り継いでくれることを願っています。

【子らのみ魂よ】島内八郎・作詞、木野普見雄・作曲「子うのみ魂よ」は、「少年平和像」の除幕式に初めて歌われて以来、毎月の平和祈念式に、城山小学校の全校児童によって歌い継がれています。

長崎 学校で聞く

美術作品の制作で、平和への理解を深める
長崎市立 三川中学校
>>> MIKAWA Junior High School

↑2017(平成29)年、学習発表会の様子。

長崎市立三川中学校は、長崎市の2017(平成29)年度の平和学習発表校として、8月24日、長崎市内の中学校が一堂に会する平和学習発表会に参加しました。その取り組みを紹介します。

美術部の生徒たちが夏休みに制作

2017(平成29)年度の平和学習発表校となった三川中学校では、3年生の生徒14名が6月から「原爆紙芝居」の準備を始めました。また、美術部の生徒たちは、8月9日に原爆資料館前にかざる「キッズゲルニカ」の制作をしました。

←↓校内にかざられている「世界平和ポスターコンクール」の入選作品。

【平和学習発表校】長崎市の平和学習発表校は、市内38校の中学校のうち、8月末の平和学習発表会で発表を行う学校です。2017(平成29)年度は、三川中学校をふくめて2校が選ばれました。

「キッズゲルニカ」を制作し8月9日の平和祈念式典の日に展示

キッズゲルニカは、世界各地の子どもたちによって、ピカソの『ゲルニカ』と同じ大きさの平和の絵をえがくという国際子ども平和壁画プロジェクトです（→122ページ）。日本だけでなく、世界中でさまざまなキッズゲルニカがえがかれています。

生徒たちが考えたアイディアは、被爆地長崎から全国に発信されます。

原爆が投下された時刻、11時2分を指す時計をえがくのは、長崎からのメッセージであることを表します。その上に、人間、ゾウ、キリン、イルカなどの地球上のさまざまな生き物。さらに、平和をイメージする漢字をちりばめました。

絵に漢字をちりばめるというのは、三川中学校ならではのアイディアです。

↑大きなキッズゲルニカは、美術部員が各部分を分担してえがきました。

暑さが続く夏休みに、生徒たちは分担して花や動物たちを大きな布にえがきました。

生徒たちが完成させたキッズゲルニカは、8月9日の原爆の日に、原爆資料館前の壁にかざられました。

＞完成した「キッズゲルニカ」

↑長崎に原爆が落とされた時刻11時2分を指す時計の上に、地球上のさまざまな動物と、平和を連想する漢字がえがかれています。

原爆紙芝居を制作して平和学習発表会で発表

長崎市の中学生による平和学習発表会は、8月24日に長崎原爆資料館のとなりにある平和会館ホールで行われます。三川中学校の3年生は3つのグループに分かれ、そのうちの一つのグループが原爆紙芝居を制作することになりました。

原爆紙芝居をつくるにあたり、長崎の原爆を実際に体験した田川博康さんから、当時の様子をくわしく聞きました。

田川さんは、原爆が落とされて長崎のまちが一瞬にして失くなってしまったこと、大勢の遺体にショックを受けたこと、浦上にいた父親と母親があい次いで亡くなったことなどを話しました。

ストーリーを決めた後、田川さんから聞いた話をもとに、生徒たちは自分が担当する場面を一場面、一場面ていねいにつくりました。

そして、平和学習発表会の日。完成した原爆紙芝居の発表を終えると、会場からは大きな拍手が起こりました。

↑田川さんが体験した当時の話を熱心に聞く生徒たち。

↑それぞれが担当する場面を決めて、紙芝居の原画の制作をする生徒たち。

↑完成した紙芝居の原画。

↑学習発表会のステージでの発表の様子。

第2章 ｜ 戦争体験を「語り」・「継ぐ」長崎

＞完成した原爆紙芝居「あの日8月9日 そしてこれから」

↑完成した原爆紙芝居。

↑原爆が落とされた後の長崎のまちに立つ。

↑臨時救護所で手術をする様子。

↑原爆症で亡くなる母親を看取る。

◀先生に聞く▶

美術表現を通して、原爆への理解を深めてほしい

浅野類二先生
美術科教師

　本校では、紙芝居だけでなく、ちぎり絵やポスター、絵画など、美術で使用するさまざまな表現手法を取り入れて平和学習を行っています。
　平和学習といいますと、原爆に関して調べたことを文章で発表する形が多いのですが、美術作品で表現するという制作体験を通して学習すると、調べたことをもとに自分なりにイメージするので、より深く記憶に残り、理解も深まるものと考えます。

見る側にとっても効果的に伝わる方法の一つだと思います。
　実は、こうした取り組みは、わたしが先輩教師から教わったものです。当時は1.2m×1.2mくらいの木版画で表現していました。それを受け継ぎ今にいたっています。
　生徒たちには、長崎で生まれた人間として、原爆について語れる人間になってほしいと思います。

長崎 活動を見る

広島と長崎の爆心地にある
二つの小学校が初めて交流

2017(平成29)年10月30日、広島市立幟町小学校の6年生が、修学旅行で長崎市立山里小学校を訪ね、平和学習に関する交流を行いました。

↑山里小学校を訪れた幟町小学校の6年生。

広島の幟町小学校の6年生が長崎の山里小学校へ

爆心地から北へ約700mにある長崎市立山里小学校(当時、山里国民学校)は、原爆によって校舎が全焼し、在籍した児童約1,300名が犠牲となった学校です。

そうした歴史を持つ山里小学校には、永井隆博士が建立した「あの子らの碑」や、当時大けがを負った付近の人々が大勢亡くなった防空壕などがあります。また、「児童記念館」には被爆資料が展示されていて、子どもたちはふだんから平和学習に取り組んでいます。

その山里小学校の6年生112人が、修学旅行でやってくる広島の幟町小学校(30ページ)の6年生94人と交流することになりました。幟町小学校は、広島の爆心地から約1kmにあり、山里小学校と同じく平和学習を熱心に行っている学校です。

幟町小学校の島本靖校長が、「一方通行になりがちな平和教育を、被爆地の子ども同士が触れ合うことで、ちがった形で学んだり、思いを育んだりできるのではないか。」と考え、この交流会が実現しました。

それぞれの平和学習を発表して、ちがいを知った

2017(平成29)年10月30日、幟町小学校の6年生は、山里小学校の6年生の拍手にむかえられて体育館に入りました。広島・長崎の爆心地の小学校同士が修学旅行で交流するのは初めてのことなので、体育館には長崎のテレビ局だけでなく、広島のテレビ局など大勢のマスコミが取材に来ていて、

【爆心地】原爆が上空で爆発した地点を爆心点、その真下の地面を爆心地といいます。原爆が落とされたとき、広島の幟町小学校は爆心地から約1kmにあり、長崎の山里小学校は爆心地から約600mにありました。

第2章 | 戦争体験を「語り」・「継ぐ」長崎

↑山里小学校の6年生の合唱『あの子』を聞く、幟町小学校の6年生。

子どもたちは少し緊張している様子でした。

2校の6年生は、向かい合って顔を合わせました。そして最初に、それぞれの学校で受け継がれている平和学習の内容について紹介しました。山里小学校の児童は、被爆しながら医師として救護にあたった永井隆博士（→55ページ）について、幟町小学校の児童は、白血病で亡くなった卒業生の佐々木禎子さん（→30ページ）について紹介し、それぞれの平和学習の内容を知りました。

それぞれの学校で受け継がれている永井隆博士が作詞した「あの子」と、佐々木禎子さんにまつわる「折り鶴のとぶ日」という歌もひろうし合いました。

その後、二つの小学校から集まった8名前後のグループごとに、「平和な世界のためにできること」をテーマに話し合い、平和への決意文にまとめて発表しました。

↑グループで協力して「平和の決意文」を発表しました。

↑2校の6年生が交流した記念写真。

【「あの子」】永井隆・作詞、木野普見雄・作曲「あの子」は、原爆で亡くなった山里小学校の子どもたちのために建てられた「あの子らの碑」の除幕式で初めて歌われました。この曲は、山里小学校の第二の校歌として歌い継がれています。

山里小学校の遺構に幟町小学校が折り鶴をささげた

　交流会が終わると、幟町小学校の6年生は、山里小学校の校内にある「あの子らの碑」や「防空壕」などをめぐりました。

　校門を入ってすぐ左にある「あの子らの碑」は、原爆で亡くなった山里小学校の子どもたちのために、生き残った子どもたち、先生方、永井隆博士がお金を出し合って建てた碑です。

　また、校舎のうらにある防空壕跡は、原爆投下後に息も絶え絶えに逃げこんできた人たちでいっぱいになり、多くの人がこの壕の中で亡くなった場所です。

　幟町小学校の子どもたちは、広島から持ってきた折り鶴をこれらの場所にささげて、手を合わせました。

　こうして、爆心地にある二つの学校の交流会は終わりました。

　二つの学校の子どもたちは、おたがいの平和学習の内容について知り、平和を願う気持ちは同じだということを確かめ合うことができました。

◎交流後の6年生の感想

長崎の同学年の人たちの気持ちや考えを知ることができて、自分たちと同じだとわかってよかった。（幟町小学校6年生）

アオギリっていう発表があったけど、長崎にもクスの木というのがあって、そこが似ているけどちがうなって思いました。
（山里小学校6年生）

↑「あの子らの碑」の説明を聞く幟町小学校の子どもたち。

↑防空壕で亡くなった人たちのためにお祈りする幟町小学校の子どもたち。

【クスの木】　長崎市の山王神社の境内入口に大きなクスの木があります。この木は原爆によって、枝や葉がふき飛ばされ、熱線で焼かれ、一時はかれる寸前となりました。しかし、この被爆クスの木はしだいに復活し、現在では長崎市の天然記念物に指定されています。

施設を見る

長崎市 永井隆記念館

永井隆博士の遺品や資料を展示する長崎市永井隆記念館を紹介します。

　長崎市永井隆記念館は、隣人愛による世界平和をうったえ続けた永井隆博士の精神を後世に残すために建てられた記念館です。

　永井隆博士は、原爆によって妻を亡くし、自分もまた白血病と戦いながら、被爆者への救護活動を続けた人です。

　寝たきりとなってからは「如己堂」と名づけた2畳一間の部屋に子どもたちと住み、原爆、人間、愛、平和に関する多数の本を書いて、隣人愛による世界平和をうったえ続けました。

　この記念館は、戦後、原爆ですべてを失った子どもたちの心を豊かにしようと、博士が自分の財産を投じてつくった図書館が始まりです。博士の遺品、書画のほか関係写真などが展示してあり、博士の遺志を発信し続けると共に、平和学習の発信基地となっています。

↑永井隆博士(写真左)は、「平和を」という書(写真右)を数多く書き、世界中に平和をうったえました。

↑博士が亡くなるまで過ごした「如己堂」。「己の如く隣人を愛せよ」という聖書の言葉から名づけられました。

◀館長に聞く▶

隣人愛の精神を受け継いでほしい

永井徳三郎 館長
長崎市永井隆記念館館長

　当館は山里小学校とともに平和公園から歩いてこられる場所にあり、毎年、大勢の修学旅行生が訪れます。ところが、ここに来るまで永井隆を知らない学生も少なくありません。

　ここでは、永井隆が「相手をうらむのではなく、隣人愛こそが世界平和につながる。」とうったえた精神が、今も生き続けていることを感じてもらいたいと思います。

　一人でも多くの子どもが当館に来て、永井隆の精神を受け継いでくれることを願っています。

【あの子らの碑】　山里小学校にある「あの子らの碑」は、永井隆博士の発案で発行された生き残った子どもたちの体験集「原子雲の下に生きて」の印税を使って、1949(昭和24)年11月に建立されたものです。

話してみよう！ 戦争を伝えていくには？

資料を見て、どうしたら戦争体験を伝えていくことができるか話し合ってみましょう。

! 戦争を体験しているおじいちゃんやおばあちゃんから話を聞けばいいと思うよ。

! お父さんやお母さんが、おじいちゃんやおばあちゃんから戦争体験を聞いていれば、それを話してもらう。

! 戦争を伝えていくには、まず戦争について知ることが大事だと思う。ぼくも、もっと関心を持つことにしたよ。

! 戦争体験を伝える活動に参加する人が減って、活動がストップしたケースもあるみたい。

資料❶ 戦争の話を聞いた相手

2006年と2016年とで、中学生が戦争の話を聞く相手が変わりました。
ここ10年で戦争の話を聞く相手は、先生に代わり、テレビの割合が大きくなりました。
また、祖父母や曾祖父母の割合がやや減り、父母の割合が増えてきています。

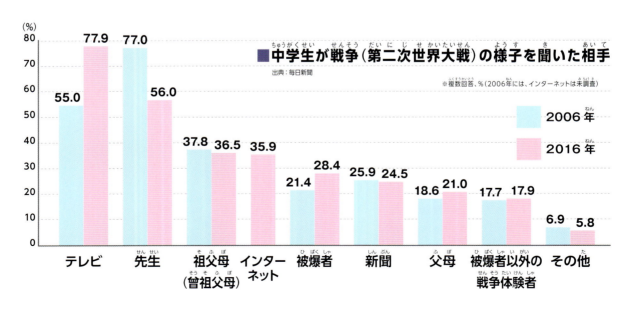

中学生が戦争（第二次世界大戦）の様子を聞いた相手
出典：毎日新聞
※複数回答、％（2006年には、インターネットは未調査）

相手	2006年	2016年
テレビ	55.0	77.9
先生	77.0	56.0
祖父母（曾祖父母）	37.8	36.5
インターネット	—	35.9
被爆者	21.4	28.4
新聞	25.9	24.5
父母	18.6	21.0
被爆者以外の戦争体験者	17.7	17.9
その他	6.9	5.8

第2章 | 戦争体験を「語り」・「継ぐ」長崎

資料❷ 戦争を知るもの

戦争を「伝える」には、戦争について「知る」ことが必要です。テレビやインターネットのほかにも、戦争について教えてくれるものがたくさんあります。自分たちが住んでいるまちに、戦争を知る人や知ることができる場所がないか、調べてみましょう。

語り部
戦争を経験した人が、「語り部」として自分の体験を話してくれます。体験者の話を聞くということは、戦争の記憶を引き継ぐという大切な役割もになっています。

資料館・博物館
写真や手紙、その他遺品などの実物資料やジオラマ（模型）など、戦争に関係する資料を見ることができます。展示のほか映像や音声による解説もあります。（→140ページ）

戦争遺跡
戦争のために建てられた施設や戦争で被害をうけた建物などで、今も残っているものを「戦争遺跡」といいます。戦争遺跡は、当時の姿を今に伝えています。（→138ページ）

モニュメント
戦争に関わる石碑や慰霊碑、忠魂塔、銅像などがあります。案内板などを読むと、戦争中に何があったか、どうしてそこに建てられているのかなどを知ることができます。

第3章　戦争体験を「語り」・「継ぐ」

沖縄
（おきなわ）

戦後このかた　わたしたちは
あらゆる戦争を憎み
平和な島を建設せねば
と思いつづけてきました

これが　あまりにも大きすぎた
代償をはらって得た
ゆずることのできない
わたしたちの信条なのです

—— 沖縄県平和祈念資料館の「展示むすびのことば」より

Illustration by Sachiko Ikoma

沖縄戦は、どんな戦争だったの？

1945（昭和20）年3月、沖縄にアメリカ軍が上陸して激しい地上戦となり、
日本兵と住民をあわせて20万人以上が犠牲になりました。

写真で知る

沖縄をおそった「鉄の暴風」

アメリカ軍は沖縄に雨のような砲火を浴びせました。このことは「鉄の暴風」と表現されました。沖縄本島南部の喜屋武半島では、1か月に約680万発、住民一人あたり約50発の砲弾が撃ちこまれたといわれています。

写真は、日本軍の特攻機に対するアメリカ軍の対空砲火（空からの攻撃に対抗する砲撃）です。

（沖縄県平和祈念資料館）

ガマに火を放ったアメリカ兵

アメリカ軍の兵士は、沖縄の住民がひなんしているガマ（洞くつ）にも火を放ちました。追いつめられた住民たちの中は、日本軍から「敵につかまるくらいなら自分たちで死ぬように」と言われていたため、みんなで自殺をはかる「集団自決」に追いこまれました。

（沖縄県平和祈念資料館）

アメリカ軍に収容された住民

占領された地域の住民は、アメリカ軍が空き地につくった収容所に入れられました。あまりにも人数が多かったため、収容所生活では食料が不足しました。また、栄養失調や感染症などで多くの人が亡くなりました。

（沖縄県平和祈念資料館）

【ガマ】ガマは自然にできた洞くつで、沖縄戦の最中に、住民の避難所や軍の陣地、野戦病院として利用されました。沖縄県には今も、チビチリガマ（読谷村）や糸数アブチラガマ（南城市）など、沖縄戦で使用されたガマが数多く残っています。

第3章 | 戦争体験を「語り」・「継ぐ」沖縄

地図で知る

1945年4月1日 アメリカ軍が沖縄本島に上陸

沖縄本島西海岸に上陸したアメリカ軍は、爆撃や機銃掃射などで日本軍を圧倒しました。

沖縄戦は約3か月にわたって続き、日本軍の兵士や住民は、山の中や島の南へと追いつめられていきました。

6月23日、日本軍の組織的な抵抗が終わり、沖縄はアメリカ軍によって占領されました。

（沖縄県平和祈念資料館の資料ほか）

数字で知る

20万人以上が亡くなった

沖縄戦では、日本とアメリカの両軍兵士のほか、一般住民、戦争のために動員された中学生、女学生の学徒など、合わせて20万人以上の人が亡くなりました。そのうちのおよそ半分が、一般の住民でした。

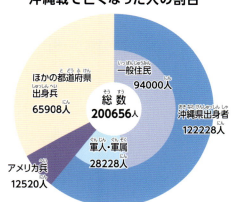

沖縄戦で亡くなった人の割合
総数 200656人
一般住民 94000人
沖縄県出身者 122228人
軍人・軍属 28228人
アメリカ兵 12520人
ほかの都道府県出身兵 65908人

男子学徒 動員数 約1418人
死亡792人
100人

女子学徒 動員数 約505人
死亡189人

（沖縄県平和祈念資料館の資料ほか）

約1923人の学徒が動員され981人が死亡（51％）

【軍属】軍医や技師など、軍隊に所属していた軍人（兵士）以外の人。
【学徒】中等学校以上の学生と生徒のこと。

61

沖縄 人に聞く

対馬丸で亡くなった子どもたちと遺族の想いを継いで次世代へ伝える

沈没した対馬丸で犠牲になった人の遺影。（対馬丸記念館）

慶田盛さつきさん
対馬丸記念館　学芸員

沖縄県石垣島出身。子どものころから、祖父母の戦争体験の話を聞いて育つ。沖縄県内の小学校で教員をしていたとき、平和学習の担当になる。その後、平和祈念資料館に勤務し、沖縄戦を学び、伝えていくことにやりがいを感じる。現在は、対馬丸記念館に勤務。

第3章 戦争体験を「語り」・「継ぐ」沖縄

対馬丸記念館は遺族にとって大切な場所

わたしが働いている対馬丸記念館は、戦争中に沖縄から九州に疎開する途中で、幼い子どもたちなどおよそ1,482人が犠牲になった対馬丸事件の悲劇を伝える資料館です。

ここには、犠牲者の身近にいた人たちがたくさん来館されます。
「小さいころによく遊んでいた、いとこの年齢を知りたい。」
「兄弟の遺影を探してほしい。」
「同級生が船の中でどのように過ごしたのかを知りたい。」
など、さまざまな調査を依頼されることもあります。

こうした依頼にできるかぎり答えられるよう調査していくと、新しい情報がわかることがあります。調査のおかげで、対馬丸で亡くなった兄の顔を、初めて遺影(写真)で見ることができた弟さんがいたり、対馬丸で生き残り、70年以上口を閉ざしていた同級生同士が再会できた例もありました。

また、引率していた教員とその婚約者が犠牲になり、その後、遺族に相談して、記念館で掲示している遺影をとなり合わせて"結婚式"を挙げたこともありました。

こうした新しい情報が展示されると、「もしかしたら自分の家族のことがわかるのでは。」と、その情報を求めて飛んでくる方もいます。それは、対馬丸事件がわたしたちのすぐ身近な人に起こった出来事であったと感じさせます。亡くなった人には、それぞれに家族がいて、友人がいて、関わる人々がいるのだと改めて思い知らされます。

↑沈没した対馬丸で犠牲になった子どもたちのランドセル。(対馬丸記念館)

体験者や遺族が少なくなる今、事件の記憶を残したい

戦後72年を過ぎ、いちばんつらいのは遺族や関係者が亡くなってしまうことです。会うことがかなわなかった方、もっと聞きたいことがあった方などのことを思うと、とにかく今は関係者や遺族に聞き取り調査を行うことに力を注ごうと思います。本当に時間との勝負であることを実感します。

関係者の方が当時を思い出し、口に出して語られる「生の声」は、出来事だけでなく、当時の人々の想いや苦しみ、悲しみなどを合わせて知ることができる貴重な資料だからです。

70年以上たった今も苦しみをかかえている人がいる

以前、対馬丸事件で母親と妹といとこを失った100歳のおばあさんに聞

対馬丸事件を通して、命について深く考えてほしい。

き取り調査を行ったことがありました。

おばあさんは、わたしの質問にゆっくりと言葉を選びながら答えてくれましたが、ときおりだまりこむ"間"があり、「何か言いたくないことがあるのでは？」と感じました。

おばあさんは当時29歳。役場で働いていたので、疎開命令が出ると、家族や地域住民に九州への疎開をすすめていたそうです。そして、「自分が疎開をすすめたから、三人は（対馬丸に乗って）亡くなった。」と今でも自分を責め続けていました。その後悔の気持ちから、あの"間"が生まれたのかと思いました。

けれども、理由はそれだけではありませんでした。母親との思い出を話す中で、「疎開の出発当日、母親があいさつをした。」という一言が気になりました。後日調べる

↑那覇市内の小学生がえがいてくれた、対馬丸と乗船した子どもたちや乗組員の絵。

と、母親も国防婦人会長として、疎開をすすめる立場でした。おばあさんは、そのことを一切語りませんでした。自分を責める気持ちだけでなく、母親のことを守ろうと必死だった気持ちが、あの"間"を生んでいたと感じました。

この聞き取りで、対馬丸事件に関わった人たちは、今もそれぞれの想いを背負って向き合っているんだと感じました。犠牲者、遺族、生存者と単純に分けることはできないと思いました。

聞き取り調査の最後には、話してくれたことへの感謝と、「二度と戦争を起こさないように、子どもたちへ伝えていきます。」と約束しています。

子どもたちに気づかされる犠牲者一人ひとりへの想い

対馬丸記念館には、那覇市内の小学生全児童560人ほどでつくった対馬丸の絵があります。絵には、乗船した疎開者1,661人分の人型がはられています。児童たちは、

「一人じゃかわいそうだから手をつないであげよう。」

「助かりたかったはずだから鉄塔の上まで登る人をつくろう。」

など、疎開者の一人ひとりの気持ちになって考え、意見を出し合い制作したと聞きました。

つい犠牲者の全体の数に目が行きがちですが、疎開者にはそれぞれ、人生があり、夢や希望があり、生きるために対馬丸に乗ったのだとハッと気づかされた出来事でした。

この絵の前で、子どもたちが「月桃」を合唱してくれました。その歌声を聞いたとき、思わずなみだがあふれてしまいました。

子どもたちには対馬丸で犠牲になった一人ひとりの"命"に向き合うことで、自分の"命"や身近な人たちの"命"について深く考えてもらいたいと願っています。

子どもたちみんなが平和の「継承者」となることが、未来に平和をつなぐ貴重で確実な力になると思っています。そのために「命について深く考える空間・機会」をつくる努力を続けていきたいです。

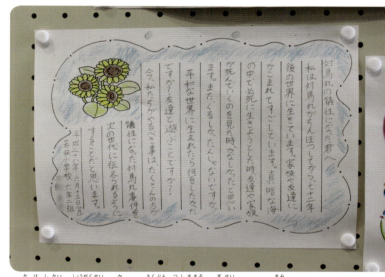

↑那覇市内の小学生が書いた作文「対馬丸の犠牲になった君へ」。

↑対馬丸記念館の1階展示「沖縄の学童疎開」。当時の国民学校の教室を復元しています。

【月桃】沖縄の作曲家、海勢頭豊さんが作詞作曲した「月桃」は、1996(平成8)年に沖縄戦終戦50年を記念して制作された映画「GAMA 月桃の花」の挿入歌です。美しいふるさとの平和への祈りを歌ったこの歌は、映画の公開以後、沖縄の小学校で歌い継がれています。

沖縄 施設を見る

対馬丸記念館の活動

対馬丸事件の資料を保存・展示する対馬丸記念館のおもな活動を紹介します。

対馬丸記念館は、対馬丸事件の悲劇を後世に伝える目的で、2004(平成16)年8月に沖縄県那覇市に開館した資料館です。

収集された対馬丸の生存者の証言や絵、300人以上の遺影などと共に子どもたちの学び舎を再現した教室などが展示されています。

■ "語り部"による講話

対馬丸の数少ない生存者や遺族が、対馬丸事件についての話をします。また、職員による展示案内も行っています。

■ 企画展や朗読会の開催

対馬丸の生存者や犠牲者が流れ着いた奄美大島での様子を伝える「奄美大島と対馬丸展」や、戦争に巻きこまれた動物たちの運命をたどる「戦争と動物たち展」などの企画展、子どもたちの作品展のほか、語り手さんによる対馬丸の朗読会なども行っています。

↑対馬丸事件の生存者がえがいた絵を展示した企画展の一部。

疎開学童たち約1500名が亡くなった対馬丸事件

アメリカ軍が沖縄本土へとせまってきた1944(昭和19)年のことです。戦場となることが予想される沖縄から、子どもや高齢者、女性などを九州へ疎開させることがすすめられました。

8月22日の夜、疎開学童ら1,788名を乗せて長崎に向かった貨物船対馬丸が、アメリカの潜水艦の攻撃を受けて沈められました。

犠牲者は、わかっているだけで1482名。834名乗っていた疎開学童のうち784名が犠牲になりました。

この事件は、戦争が終わるまで日本軍によって秘密にされ、沖縄にいた親たちの多くは戦後になって、自分たちの子どもが死んだことを知りました。

↑対馬丸で助かった上原清さんがえがいた沈んでいく船の絵。

[小桜の塔] 対馬丸記念館のそばに「小桜の塔」という慰霊碑があります。これは、愛知県のすずしろ子供会会長 河合桂・当時)が、沖縄に子どものための慰霊塔がないので、自分たちの力でぜひつくりたいと一円募金を始め、愛知県知事をはじめ同県の大きな協力によって1953(昭和28)年に沖縄に贈られたものです。

第3章 | 戦争体験を「語り」・「継ぐ」沖縄

つしま丸児童合唱団

つしま丸児童合唱団は、歌を通じて子どもたちの豊かな心・広い心を育みながら、世界に平和のひびきを発信していこうと、2012（平成24）年に結成されました。

那覇市の小学生が中心となり、「ねがい」「ビリーブ」「月桃」など、平和をテーマにした曲を練習し、沖縄全戦没者追悼式や対馬丸慰霊祭などで、平和への願いを美しい歌声に乗せて届けています。

↑2017（平成29）年6月23日。糸満市の平和祈念公園で行われた沖縄全戦没者追悼式での練習。

→参列者の前で歌うつしま丸児童合唱団の子どもたち。

◀副館長さんに聞く▶

"命"を学ぶ場として利用してほしい

外間邦子さん
対馬丸記念館 常任理事

対馬丸記念館は、対馬丸事件を多くの人に知ってもらうと同時に、関係者や遺族にとっては、慰霊や情報交換の場としての役割をはたしてきました。

しかし、事件から70年以上が経ち、関係者や遺族が少なくなっていくにつれ、入場者の数も減り、その役割をもう一度見直す時期にきています。

今、わたしたちが考えているのは、平和学習としてだけではなく、"命"を学ぶ場として利用していただくことです。当館の展示資料は、現代を生きる子どもたちにとって、自分の命と向き合うことができるよいきっかけとなるからです。

■対馬丸記念館のくわしい情報は　http://tsushimamaru.or.jp

沖縄 人に聞く

元ひめゆり学徒の具体的な戦争体験を伝える

仲田晃子さん
ひめゆり平和祈念資料館　説明員

仲田晃子●なかだあきこ
沖縄県出身。沖縄の大学に入学したときに、沖縄戦を研究のテーマに選ぶ。現在は、ひめゆり平和祈念資料館に勤務。展示室での説明や、平和講和を行うなど、来館者にひめゆり学徒隊の戦争体験を通して、沖縄戦を伝えている。

ひめゆりの塔の前で手を合わせる修学旅行生。

身近でありながらも、ピンとこなかった沖縄戦

わたしは、沖縄県那覇市で生まれ育ったので、子どものころから平和学習で沖縄戦に触れていました。

沖縄戦の映像や対馬丸のアニメーションを見たり、「白旗の少女」「ひめゆりの塔」などの本を読んだり、記録写真や版画を見たり、あらゆる形で沖縄戦に触れたことは、わたしと同時代に沖縄で生まれ育った子どもであれば、当たり前の体験でした。

ただし、小学生のわたしは沖縄戦を身近に感じつつも、戦争が自分と結びついているということには、今ひとつピンときませんでした。多分、わたしだけではなく同級生たちも、同じような感覚で沖縄戦をとらえていたのではないでしょうか。

「戦争はいけない」「平和が大切」ということは頭では理解していても、自分自身の心からの言葉として出せるかというと、疑問があり、実際に沖縄戦を体験した大人たちが発する「戦争はいけない」という言葉との間に違和感がありました。

大学入学をきっかけに沖縄戦の研究を始める

1995（平成7）年、わたしは沖縄の琉球大学に入学しました。この年は、ちょうど戦後50年目の年でした。全国ネットのテレビや新聞などで、太平洋戦争のことが取り上げられ、また、沖縄の地方局や地方新聞では、沖縄戦のことが何度も取り上げられていました。

また、この年は、ひめゆり平和祈念資料館の初代館長であった仲宗根政善先生が亡くなられた年でもありました。

わたしが大学に入ったタイミングが、そうした年であったので、わたしは大学で、沖縄の歴史や沖縄戦について研究をすることにしました。

大学院を修了してしばらくたったとき、ひめゆり平和祈念資料館から、「うちで働きませんか？」という声がかかり、すぐに就職を決めました。

元ひめゆり学徒の「証言員」の仕事を引き継ぐ

ひめゆり平和祈念資料館には、元ひめゆり学徒だった人が「証言員」として、展示室での説明や、講話を行っていました。けれども、その証言員たちは当時80歳に近づいていて、少しずつ人数が少なくなっていました。

わたしの仕事は、それまで証言員の人たちが果たしてきた「伝える」という役割を「説明員」として引き継ぐことでした。

↑平和学習で訪れた小学生に説明をする仲田さん。

【仲宗根政善】 仲宗根政善（1907-1995年）は、沖縄県出身の教育者、言語学者。沖縄戦のころ、沖縄第一高女、沖縄師範女子部で教え、ひめゆり学徒隊の引率教官をつとめていました。戦後は沖縄の教育行政のたてなおしにつとめました。著作には『石に刻む』『沖縄の悲劇』などがあります。

仕事をする中で実感したことは、記録をしておくことが大事だということです。体験者から直接話を聞くことができなくなっても、記録があればその記録をていねいに読んだり聞いたりすることでわかることがあるからです。

ある日、小学生の子に「ひめゆり学徒たちは食べる物がなくて、畑の作物を取って食べた。」という話をしたとき、「なんで警察につかまらないの？」と質問されたことがあります。子どもたちは「戦場」の状況がよくわかっていないんです。

わたしたちは、子どもたちのこうした疑問に応える必要があります。

今はちょうど、元ひめゆり学徒の方たちからバトンを引き継いだところです。戦争を体験した方たちの「戦争は絶対にダメ」という言葉には説得力がありましたが、わたしの言葉にどう説得力を持たせられるのかということを試行錯誤しながら仕事をしています。

だれもが戦争を学べる場として来てほしい

資料館に来られる修学旅行の先生たちの様子を見て、ひめゆり学徒世代の方が、「もっと沖縄戦のことを勉強してほしい」と苦言をいわれたことがあります。そうした先生たちの中には、戦争のことを知ることが大事だとわかっていても、体系的に学ぶ機会や時間がないために、自分で生徒に教えることにとまどっている方が増えていると感じています。

そういった先生たちには、とにかく資料館に来てもらいたいと思います。そうすれば、わたしたちが知っていることは、わたしたちが伝えることができますので、いっしょに学び合うことができます。

戦争を知り、考える機会、そうした場として資料館があることが大切だと思っています。

↑ひめゆり平和祈念資料館で調べ学習をする地元の小学生。

とにかく資料館に来てほしい。
いっしょに学び合えますから。

第3章 | 戦争体験を「語り」・「継ぐ」沖縄

沖縄 施設を見る

ひめゆり平和祈念資料館の活動

ひめゆり平和祈念資料館でのおもな活動を紹介します。

ひめゆり平和祈念資料館は、戦争の悲さんさや平和の大切さを後世に語り継ぐために、1989年6月23日に開館しました。

ひめゆり学徒の遺品、写真、生存者の証言映像などのほか、ひめゆり学徒がはたらいた病院壕を再現したジオラマなどを見ることができます。

↑修学旅行で「ひめゆりの塔」を訪れた高校生。

■展示室での説明
説明員が展示資料に関する説明をしたり、質問に答えています。

■平和講話
説明員が生存者の映像や写真を使って、ひめゆり学徒隊の戦争体験を伝えます。

■企画展の開催
「ひめゆり学徒隊の引率教師たち」など、ひめゆり学徒に関係したさまざまな企画展を開催しています。

↑説明員による平和講和。

沖縄戦に動員された女学生「ひめゆり学徒隊」

沖縄戦では、沖縄県下の女子生徒（学徒）たちが、戦場で看護を手伝いました。その1つが、沖縄師範学校女子部と、沖縄県立第一高等女学校の15歳から19歳の生徒222人と教師18人で構成された、ひめゆり学徒隊です。学徒たちはガマとよばれる洞窟の病院壕で、負傷した兵士の世話をしました。

動員された学徒隊240人のうち、生徒123人、教師13人が亡くなりました。

↑ひめゆり学徒の記念写真。（ひめゆり平和祈念資料館）

【ひめゆりの塔】ひめゆりの塔は、ひめゆり学徒隊の最後の地の一つである伊原第三外科壕の上に建てられた慰霊碑です。この壕は沖縄陸軍病院第三外科勤務の職員やひめゆり学徒隊が避難した壕で、1945年6月19日朝、アメリカ軍の攻撃によって、多くの生徒や教師が亡くなりました。

沖縄 学校で聞く

沖縄戦激戦地の学校から平和を発信する
# 糸満市立 米須小学校
>>> KOMESU Elementary School

糸満市立米須小学校は、沖縄戦の激戦地であった糸満市摩文仁を校区とする学校です。「ひめゆりの塔」をはじめとして、数多くの慰霊碑があり、全国各地から慰霊に訪れる人がいます。そうした地域での平和学習と児童の活動を紹介します。

ひめゆり平和祈念資料館で地域で起こったことを学ぶ

米須小学校では、1年生から6年生まで各学年ごとに、総合的な学習の時間を使って平和学習を行っています。

低学年は、ひめゆり平和祈念資料館を訪れ、この米須の地で戦争中に多くの人の命が失われたことに気づく取り組みを行います。

その後も何度か資料館に足を運び、学年が上がるにしたがって、少しずつ内容の深い平和学習を行っていきます。

↑ひめゆりの塔を訪れた米須小学校の1、2年生。

↑ひめゆり平和祈念資料館での平和学習。

←米須小学校の校舎の階段には、沖縄戦の写真がはられています。

【糸満市摩文仁】日本軍の司令官牛島中将は、アメリカ軍に追いつめられ、沖縄本島最南端にある糸満市摩文仁の丘の洞窟に司令部を置きました。1945(昭和20)年6月23日、牛島司令官らが自決したことで、沖縄戦での日本軍の組織的な戦闘が終わりました。

第3章 | 戦争体験を「語り」・「継ぐ」沖縄

6月の平和読書月間で戦争の本を読む

6月23日に「慰霊の日」（8ページ）をむかえることから、6月1日〜23日は、全学年で平和読書月間を行っています。

朝の読書の時間、国語・道徳の時間に、戦争や平和に関する本を読んで、感想文を書きます。

↑図書室には、戦争に関する本がそろっています。

平和集会で沖縄戦体験者の話を聞く

6月の平和集会では、全校生徒が体育館に集まり、沖縄戦を体験した方をまねいて話を聞きます。

体験者の話を直接聞くことで、自分が住んでいる場所で戦争があったこと、大勢の人が亡くなったことを実感します。

↑米須地域で暮らしている沖縄戦体験者の話を聞きます。

身近にある慰霊碑・祈念碑を訪ねる

学区内には、沖縄戦で亡くなった人たちの霊をまつる慰霊碑や祈念碑が数多くあり、学校から歩いて訪ねることができます。

学年ごとにそれらを訪ね、それぞれの碑がどんな碑であり、なぜここに建てられているのかなどを学びます。

↑独立臼砲第一連隊戦没英霊之碑を訪ね、その意味を学ぶ6年生。

【独立臼砲第一連隊戦没英霊之碑】　独立臼砲第1連隊は、満州（中国東北部）から、ガダルカナル島の戦い、ラバウルの戦い、沖縄戦を転戦した特殊部隊です。慰霊碑は連隊の秘密兵器98式臼砲の実物大原形に基づいてつくられたそうです。

＞米須・摩文仁地区にある慰霊碑・慰霊塔

↑魂魄之塔（8ページ）

沖縄県

米須・摩文仁地区

糸満市立三和中学校

忠霊之塔

ひめゆりの塔

梯梧之塔

糸満市立米須小学校

沖縄県平和祈念資料館

独立臼砲第一連隊戦没英霊之碑

沖縄師範健児之塔

魂魄之塔

※地図上に記した以外に、各都道府県出身者の慰霊碑など、30基以上の慰霊碑があります。

↑梯梧之塔

↑沖縄師範健児之塔

【梯梧之塔】昭和高等女学校の4年生17名が、梯梧学徒隊として負傷兵の看護にあたり、そのうち7名の女学生が亡くなりました。梯梧之塔には、沖縄戦で亡くなった同窓生、職員とともにまつられています。

慰霊の日の平和行進にボランティアで参加

6月23日の「慰霊の日」(8ページ)には、何百人もの人たちが平和行進で米須地区を通ります。

米須小学校の野球部の子どもたちが中心となり、ボランティアとして、暑い中を行進する人たちに、飲み物や食べ物を配る手伝いをしています。

↑平和行進の通過地点で飲み物やバナナなどを手わたしするボランティアの子どもたち。

学習発表会の平和劇で沖縄戦の体験者を演じる

秋に行われる学習発表会では、6年生が平和劇を演じます。沖縄戦の衣装を着て、セリフは沖縄の方言で言います。

沖縄戦の中を生きた人たちの役になりきった子どもたちの演技を見た年配の方の目には、なみだが光ります。

↑2015(平成27)年度学習発表会の平和劇。対馬丸(→66ページ)に乗りこんだ人を演じる6年生の子どもたち。

先生に聞く

劇を演じると、当時の人の気持ちを想像できる

野原友和先生
平和劇を指導

6年生の平和劇は、1年生から段階をへてやってきた平和学習の集大成です。

子どもたちにとって、70年以上前に起きた戦争を想像することはなかなかむずかしいのですが、当時の人の役を演じることによって、その人がどんな気持ちだったかを想像できると感じています。

劇を指導している中で、子どもたちが沖縄戦を身近なものにできていることがわかります。

自分にも子どもが二人いますが、この地域で生まれた人間として、戦争があったことや、沖縄県民の平和への願いといったものを引き継いでほしいと思っています。

【沖縄師範健児之塔】 沖縄戦のとき、沖縄師範学校男子部の教師・生徒たちは、「鉄血勤皇隊」として沖縄守備軍に動員されました。そのうち、教師・生徒230名あまりが戦死しました。健児之塔の裏手には、学徒たちが自決した壕があります。

「児童・生徒の平和メッセージ展」に図画、作文、詩を応募

米須小学校の子どもたちは、毎年、沖縄県平和祈念資料館が募集している「児童・生徒の平和メッセージ展」に図画、作文、詩を応募しています。

2016（平成28）年度には、3年生の長椿さんが書いた作文「くるしかった昔　平和な今」が小学校低学年作文部門の優秀賞を受賞し、資料館に展示されました。

第二十六回「児童・生徒の平和メッセージ展」作文部門　小学校低学年の部　優秀賞

くるしかった昔　平和な今

糸満市立　米須小学校　三年　長椿

五月十一日、私たち米須小学校三年生は、校区たんけんに行きました。私が、校区たんけんで一番心にのこっている場所は、こんぱくの塔です。こんぱくの塔は、金じょう和信さんがみんなに、

「塔を作って、せんそうでなくなった人たちをねむらせてあげよう。」

とよびかけて、塔を作ったそうです。金じょう和信さんは、せんそうのおそろしさをしっているからこそ、せんそうでなくなった人たちの塔を作ろうと呼びかけたんだと思います。

一番心がいたんだことは、山の上の塔で、おきなわ県のほかの県の人も米須のせんそうでなくなったことです。この話を聞いたとき、私は、心がとてもいたみました。そして、米須でなくなった人たちはみんな、いっしょうけんめいはたらこうとして、米須までにげてきたんだなーと思いました。そして、とてもかわいそうだと思ったことは、ちゅうれいの塔にねむっている米須にすんでいた家族です。先生に、

「ちゅうれいの塔には、米須にすんでいた九十五の家族がなくなっているんだよ。」と、聞いたときに、

「もし今、せんそうがおきていて、自分の家族がなくなっていたら、どんな気持ちだろう」

と、ふと思ったからです。わたしは家族がなかよくしていきたいです。

私は、平和な今がなによりも大好きです。だから家族となかよくしていきたいです。「平和」という意味は、はっきりわかりませんが、私はこう思います。家族で食じをしたり、友だちとあそんだり、学校に行ってまなんだり、ねむったり、歌ったり、話したり…そのことすべてが、「平和」だと、私は思っています。せんそうでなくなった人びとはみんな、私は、平和なままがよかったと思っていたでしょう。アメリカ人と日本人が、なぜせんそうをはじめたかは、わかりません。今の私たちにできることは、これいじょう、せんそうをおこさないことです。そのためには、やさしい言葉を使うことをど力しつづけます。そして、おきなわ県のほかの県の人たちにも、せんそうのおそろしさをつたえていくことが、せんそうをなくす大切なおこないだと思います。戦争でなくなった人びとも、私たちの生きている今の平和をねがっていると思います。その思いにこたえながらも、今、私たちのできることをど力しつづけることが大切です。

↑長椿さん

↑沖縄戦当時、米須に住んでいた家族をまつる「忠霊之塔」。

【忠霊之塔】米須小学校のすぐそばにあり、沖縄戦のとき、この近くにあったとされる壕に避難して亡くなった住民や日本兵をまつっています。

第3章 | 戦争体験を「語り」・「継ぐ」沖縄

沖縄 施設を見る

沖縄県平和祈念資料館の活動

沖縄戦に関する資料を保存・展示する沖縄県平和祈念資料館での児童向けの活動を紹介します。

↑平成29年度小学校高学年図画部門の受賞作品。

■ 児童・生徒の平和メッセージ展

児童・生徒から図画・作文・詩による「児童・生徒の平和メッセージ」を募集。

応募作品の中から優秀な作品を選び、慰霊の日に合わせて、平和祈念資料館で「児童・生徒の平和メッセージ展」を開催します。その後、県内の4か所でも展示を行います。

■ 子ども・プロセス企画展

沖縄の児童・生徒が、平和学習や夏休みの自由研究などに利用できる企画展を、年5回開催しています。

→子ども・プロセス企画展の様子。

学芸員さんに聞く

平和メッセージ展を"命がかがやく機会"に

古謝将史さん
沖縄県平和祈念資料館 学芸班長

「児童・生徒の平和メッセージ展」は、すでに27回を数え、毎年、県内からたくさんの応募があります。

その中で、わたしが担当して記憶に残っていることがあります。それは2年前、手が自由に使えない障害を持つお子さんが、先生に手伝ってもらって図画を応募してきたときのことです。一生懸命にえがかれたその絵を見たとき、わたしはとても感動するとともに、勇気をもらいました。

また、その絵がきっかけで、特別支援学校の応募条件をゆるめることにつながりました。

これからも平和メッセージ展が、子どもたちの命がかがやく機会になればいいと思っています。

■沖縄県平和祈念資料館のくわしい情報は http://www.peace-museum.pref.okinawa.jp

沖縄 学校で聞く

小学校の平和学習を引き継いで発展させる
# 糸満市立 三和中学校
>>> MIWA Junior High School

糸満市立三和中学校は、沖縄戦の激戦地であった糸満市真壁にある学校です。校区には三つの小学校があり、それぞれが平和学習に取り組んでいます。それらを引き継いで発展させる、中学校での活動を紹介します。

>1年生
体験者に直接話を聞く

1年生は、沖縄戦を体験した方を各地区の公民館にたずねて、直接お話を聞く「体験者講座」を行います。体験者の方の声を直接聞くことは、沖縄戦が遠い過去のことではなく、自分たちのすぐ近くにあったことが理解できる貴重な機会です。
また、沖縄県平和祈念資料館を見学して、調べ学習なども行います。

↑全校生徒による平和講演会。

↑「体験者講座」に参加する1年生。

←体験者に花束をわたす1年生。

＞2年生
祈念碑の意味を調べる

2年生は、学区内にあるさまざまな祈念碑を訪ねて、その祈念碑の意味を調べます。

小学生のときに訪ねた際には、むずかしくてよく理解できなかったことも、中学生となって理解できるようになり、祈念碑が建てられた想いを受け取ることができる活動です。

↑梯梧之塔を調べる2年生。

＞3年生
住民が避難したガマを体験

3年生は、学区内にあるガマ（自然の洞くつ、→60ページ）の中に実際に入ってみます。

体験者の方からガマに避難したときの話を聞くだけでなく、実際に自分たちがガマに入ってみることで、体験者の方や、沖縄戦で亡くなられた方々の気持ちを想像する活動です。

↑ガマの中に入る3年生たち。

◆先生に聞く▶

過去のことを、今の自分たちのことに

水城幸治先生
平和学習担当

本校には、喜屋武小学校、米須小学校、真壁小学校の三つの小学校の児童が進学してきます。

どの小学校も平和学習をやってきていて、それぞれの地区にいらっしゃる戦争体験者の方の話を聞いてきています。中学では、それらの平和学習を引き継いで発展させることが大切になってきます。

沖縄戦の体験を話される方がだんだん少なくなってきています。そうしたときに、「自分たちに何ができるか」とか、「自分たちが大人になったときにどんな世界にしたいか」といった、今の自分たちに結びつけて考え、行動できるようになってもらいたいと願っています。

話してみよう！ 日本には戦力が必要なの？

資料を見て、自衛隊や日本に置かれているアメリカ軍について話し合ってみましょう。

! 戦力がないと、外国がせめてきたときにどうやって国を守ればいいんだ？

! 自分の国を守る戦力は必要だけど、ほかの国を攻めるための戦力はいらないわ。

! 日本にアメリカ軍の基地があるのはいいけど、沖縄県にだけ集中しているのは問題だと思う。

! 中国が戦力を増やしているから、それに対抗して日本も戦力を増やすのはしかたないわね。

資料① 日本と世界の軍事費

日本の軍事費は世界で8位で、10年前にくらべて少し増えています。
1位のアメリカは軍事費が減っていますが、2位の中国は軍事費が大きく増えています。

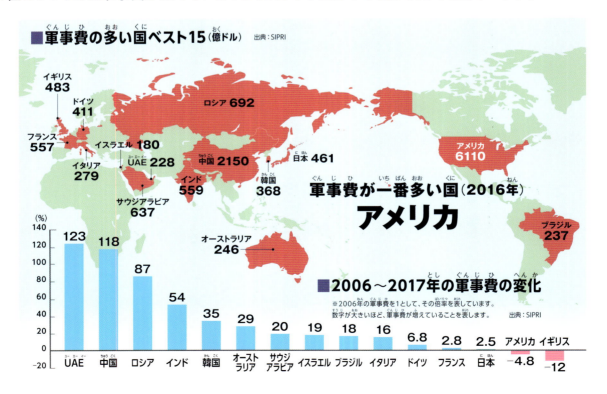

■軍事費の多い国ベスト15（億ドル）　出典：SIPRI

イギリス 483
ドイツ 411
フランス 557
イタリア 279
イスラエル 180
UAE 228
サウジアラビア 637
ロシア 692
中国 2150
インド 559
韓国 368
日本 461
アメリカ 6110
ブラジル 237
オーストラリア 246

軍事費が一番多い国（2016年）
アメリカ

■2006〜2017年の軍事費の変化
※2006年の軍事費を1として、その倍率を表しています。数字が大きいほど、軍事費が増えていることを表します。
出典：SIPRI

UAE	中国	ロシア	インド	韓国	オーストラリア	サウジアラビア	イスラエル	ブラジル	イタリア	ドイツ	フランス	日本	アメリカ	イギリス
123	118	87	54	35	29	20	19	18	16	6.8	2.8	2.5	−4.8	−12

資料❷ 日本のアメリカ軍基地

日本はアメリカ軍に、日本国内のいくつかの地域を基地として提供しています。

現在、アメリカ軍の基地は13の都道府県に置かれていますが、全体の面積の約7割が沖縄県に集中しています。沖縄県では、アメリカ軍の航空機による事故や、基地で発生する航空機の騒音など、基地に関するいろいろな問題が起きています。

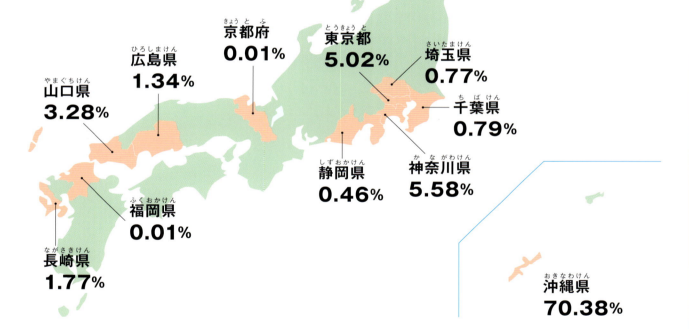

■在日アメリカ軍の施設・区域（専用施設）の面積の割合（2017年3月31日現在）
出典：防衛省ホームページ

北海道 1.62%
青森県 8.98%
京都府 0.01%
東京都 5.02%
埼玉県 0.77%
広島県 1.34%
山口県 3.28%
千葉県 0.79%
静岡県 0.46%
神奈川県 5.58%
福岡県 0.01%
長崎県 1.77%
沖縄県 70.38%

資料❸ 集団的自衛権

ある国が武力攻撃されたとき、仲間の国が協力して反撃する権利を「集団的自衛権」といいます。これまで日本はこの権利を行使できないとしてきましたが、2014年、安倍内閣はこの権利を限定的に行使できるとする考えを閣議決定し、これに基づいて2015年には法改正が行われました。これにより、アメリカなどがほかの国から攻撃された場合、その国を助けるための自衛隊の派遣と、そのための武器の使用が可能になりました

【閣議決定】内閣総理大臣とすべての閣僚が参加する会議で、政府の方針を決定すること。

第4章 戦争体験を「語り」・「継ぐ」

日本全国の活動

Illustration by Sachiko Ikoma

送り来し 夫の遺品の ゲートルに
汗の匂いの 浸みてかなしき

> 夫の無事の知らせを待っていたのに、
> 夫が死んだことを知らせる遺品のゲートル（足に巻く布）が送られてきました。
> そのゲートルには、なつかしい夫の汗のにおいがしみついていて、悲しみが増すばかりです。

いとし子よ あら道こゆる よみのくに
旅やすかれと たゞいのるのみ 　　　ハハ

> わたしのいとしい子よ。
> あの世へ行く道はとってもけわしいでしょう。
> お母さんは、どうか安らかな旅でありますように、と祈ることしかできません。

窓ごしに 降り積む雪の 白ささえ
悲しみさそう 孤児院の夕べ

> 夕暮れ時、孤児院の外には雪が降り積もっています。
> 窓越しに見えるその雪の白ささえ、わたしの悲しみをさそいます。

―― 『平和の礎』引揚編第4巻「父さんはとうとう帰って来ませんでした」（江頭ふみ子）より

広島や長崎、沖縄以外の地域はどうだったの？

広島や長崎、沖縄以外の日本の都市も、戦争で大きな被害を受け、大学生や子どもたちも、戦争で生活が大きく変わりました。

写真で知る

（毎日新聞社）

大学生が戦争に行った「学徒出陣」

戦争がはげしくなると、兵士の数が足りなくなって、20歳以上の大学生も戦争に行くようになりました。これを「学徒出陣」といいます。東京の明治神宮外苑競技場で行われた壮行会には、7万人をこえる学徒たちが集まりました。

「防空ごう」にかくれる訓練

戦争中の日本は、木造の家が多く、空襲で火事になると、大きな被害が広がりました。そのため、まちのあちこちには「防空ごう」と呼ばれる避難場所がつくられ、空襲を受けたときに備えて、避難訓練がたびたび行われました。

（毎日新聞社）

（毎日新聞社）

都会の子どもが地方に避難する「学童疎開」

空襲がはげしくなると、都会の子どもたちは地方へ避難しました。これを「学童疎開」といいます。親とはなればなれになるので、疎開先ではさびしさで泣き出す子もいました。

【学童疎開】学童疎開には、家庭ごとに親せきや知り合いをたよって避難する「縁故疎開」と、学校ごとに集団で避難する「集団疎開」がありました。

第4章 | 戦争体験を「語り」・「継ぐ」　日本全国の活動

大空襲で東京が焼け野原になった

1945(昭和20)年3月10日、約300機のアメリカ軍の爆撃機が東京に爆弾を落としました。この爆撃で、約100万人が家を失い、約10万人が亡くなりました。東京の空襲は、その後も100回余り続きました。

(毎日新聞社)

地図で知る　全国の主要都市が空襲を受けた

初めのころに空襲を受けたのは、兵器をつくる工場でしたが、やがて、都市を焼きはらう無差別攻撃にかわりました。東京、横浜、名古屋、大阪などの大都市をはじめ、全国の主要都市が空襲を受けました。

8月15日の終戦の日までに、原爆を入れると、約41万人が空襲で亡くなったと言われています。

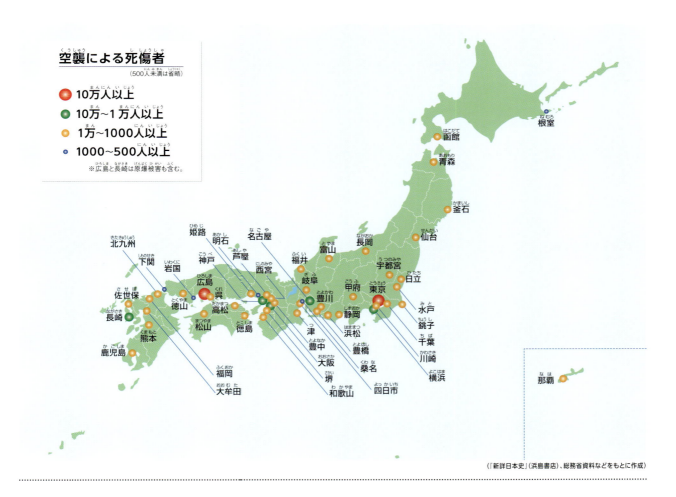

(『新詳日本史』(浜島書店)、総務省資料などをもとに作成)

戦争が終わったあとは、どんなことがあったの？

戦争が終わると、外地（本土以外の戦前の日本の領土）にいた日本人が大勢帰国しました。

写真で知る

引揚船で帰国する日本人

外地にいた日本人は、「引揚船」と呼ばれる船で帰国しました。戦後の厳しい環境下では、小さな子ども、高齢者、病人など、引揚船に乗る前に亡くなった人も大勢いました。引揚船は、博多港（福岡県）や浦頭港（長崎県）、舞鶴港（京都府）などの引揚港に入港しました。

（毎日新聞社）

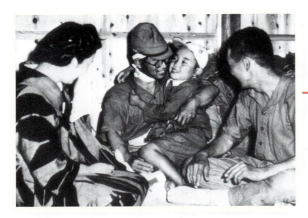
（毎日新聞社）

家族との再会を喜ぶ日本人兵士

帰国した兵士にとって、家族との再会はなによりの喜びでした。長い間戦地にいて、想像していたよりも子どもが大きくなっていることにおどろくこともありました。

帰国するシベリア抑留者

戦後、大勢の日本人がシベリアに連れて行かれて、強制的に働かされました。これを「シベリア抑留」といいます。シベリアに抑留された日本人は、終戦の翌年12月から順次日本に帰ってきました。

（毎日新聞社）

【シベリア抑留】ソ連（ソビエト連邦）のシベリアに抑留された日本人は57万人以上で、そのうちの約5万5000人がシベリアで亡くなり、帰国できなかったと言われています。

第4章 | 戦争体験を「語り」・「継ぐ」　日本全国の活動

復員した兵士と引き揚げた日本人の数

戦後、約310万人の兵士と約320万人の民間人が帰国しました。満州（中国東北部）、中国、ソ連（ソビエト連邦）などから帰国した人が、全体の4割をしめています。

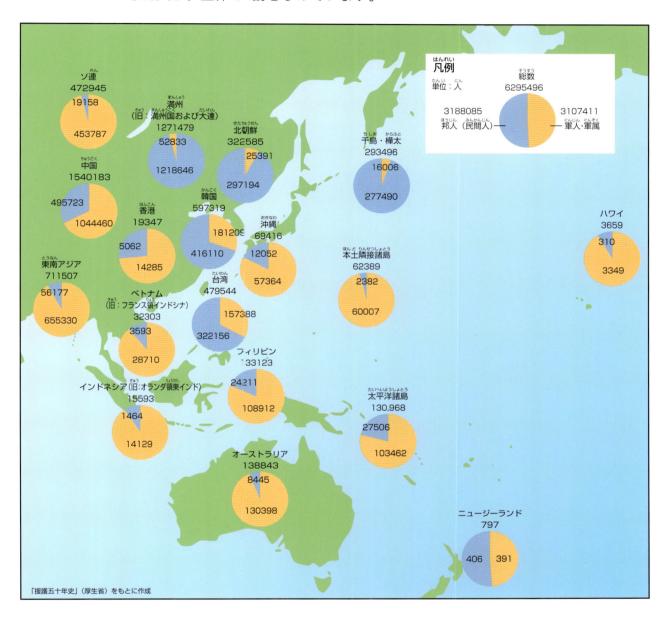

凡例　単位：人　総数 6295496
3188085 邦人（民間人） ― 3107411 軍人・軍属

ソ連 472945 / 19158 / 453787
満州（旧：満州国および大連） 1271479 / 52833 / 1218646
北朝鮮 322585 / 25391 / 297194
千島・樺太 293496 / 16006 / 277490
中国 1540183 / 495723 / 1044460
香港 19347 / 5062 / 14285
韓国 597319 / 181209 / 416110
沖縄 69416 / 12052 / 57364
本土隣接諸島 62389 / 2382 / 60007
ハワイ 3659 / 310 / 3349
東南アジア 711507 / 56177 / 655330
ベトナム（旧：フランス領インドシナ） 32303 / 3593 / 28710
台湾 479544 / 157388 / 322156
フィリピン 133123 / 24211 / 108912
インドネシア（旧：オランダ領東インド） 15593 / 1464 / 14129
太平洋諸島 130,968 / 27506 / 103462
オーストラリア 138843 / 8445 / 130398
ニュージーランド 797 / 406 / 391

「援護五十年史」（厚生省）をもとに作成

海外から復員した兵士　約3100000人

海外から引き揚げた民間人　約3200000人

全国 人に聞く

戦争をテーマにした創作落語で命の大切さを伝える

桂 春蝶さん
落語家

桂 春蝶◉かつら しゅんちょう
父親である2代目桂春蝶が亡くなったことをきっかけに落語家になることを決意し、2009年に三代目桂春蝶を襲名した。独演会や新作落語の創作のほかに、テレビ・ラジオにも出演するなど、はば広い活躍をしている。

第4章 | 戦争体験を「語り」・「継ぐ」　日本全国の活動

　落語家の桂春蝶さんは、「落語で伝えたい想い。」という創作落語シリーズの中で、『明日ある君へ〜知覧特攻物語〜』『ニライカナイで逢いましょう〜ひめゆり学徒隊秘抄録〜』といった、戦争中を生きた人々をえがいた作品を発表しています。なぜ、そうした作品をつくったのか、その想いなどを聞きました。

「命」をテーマにした落語で想いを伝えたい

　わたしの父は二代目桂春蝶で、関西では人気の落語家でした。ところが、ぼくが高校を卒業する直前に、51歳の若さで亡くなったんです。父は食事もとらずにお酒ばかり飲んで、よく「死にたい」と言っていました。そんな父の様子を知っていた落語界の人たちからは、父の死は、"ゆるやかな自殺"ではないかと言われたりしました。

　そうした父の死を少年のときに経験したわたしは、「生きていることって、人生を終えることって、どういうことなのか」をつねに考えるようになりました。

　その後、落語家となったわたしは、結婚して子どもが生まれました。自分が父親になったとき、「生きていることはものすごくありがたいこと。この命をどうやって使っていったらいいのか」と考えるようになりました。そこで、落語を通じて、今ある「命」の大切さを表現したいという気持ちが強くなっていきました。

　あるとき、友人に誘われ、鹿児島県の知覧特攻平和会館に行く機会がありました。そこは、陸軍の特攻基地があった場所につくられた資料館でした。特攻隊とは、太平洋戦争末期、爆弾を積んだ飛行機（船や潜水艦もあった）ごと敵の軍艦に体当たりする、いわゆる「自爆攻撃」に出撃した20歳前後の若い兵士たちのことをいいます。資料館で出撃前の兵士たちが残した遺書や手紙を読み、そこに書かれた特攻隊員の「命」に対する思いにふれたとき、「これを落語にしたら、自分の想いが伝わるのではないか」と思ったんです。

　その後、特攻基地があった場所を何度も訪ねて取材を重ね、創作落語『明日ある君へ〜知覧特攻物語〜』が生まれました。

【特攻隊】特攻作戦には、戦闘機のほかに船や魚雷を使った作戦もありました。小さなボートに爆弾を積んで敵艦に体当たりする高速ボート『震洋』では、2500人以上が戦死しました。また、魚雷に兵士が乗って敵艦に体当たりする人間魚雷『回天』では100人以上の兵士が戦死しました。

「落語って人を笑わせるものなのに、戦争がテーマなの？」と不思議に思う人もいるでしょう。実は、落語の中には、人情噺を聞かせる「笑わせない落語」もあるんですよ。

特攻隊員の若者たちには明日という日がなかった

特攻で亡くなった兵士は約5800名。特攻隊員に志願した若者たちは、両親やきょうだい、妻や幼い子ども、婚約者のことを想いながら死んでいきました。もっと生きたくても、彼らには明日という日がなかったんです。

一方で、今の時代はどうでしょう。子どもが自殺したり、親が子を殺したり、子が親を殺したり……。「命」という言葉、その意味や尊さを考えさせられる出来事が日々起こっています。

わたしは、戦争の悲惨さを伝えるためだけではなく、現代を生きる人たちに「命がある」「今日生きている」「明日という日がある」ことのすばらしさを改めて感じてほしい、という想いでこの作品をつくっています。

「明日ある君へ ～知覧特攻物語～」

おじいちゃんの病室にお見舞いに行った孫（男子）が、突然、昭和20年の特攻基地にタイムスリップする。そこで、若いころのおじいちゃんと出会い、今まで知らなかったおじいちゃんとおばあちゃんの過去を知る…。

「明日ある君へ～知覧特攻物語～」を全国で公演させていただきながら、いろいろなことを感じました。「もう少しこうすればよかった」という反省も生まれました。

その後につくった作品が、沖縄戦のひめゆり学徒隊（→71ページ）をテーマにした「ニライカナイで逢いましょう～ひめゆり学徒隊秘抄録」です。

沖縄戦では、20万人以上の方が亡くなり、日本兵の看護をしたひめゆり学徒隊の女学生たちも大勢犠牲になりました。

沖縄に取材に行ったわたしは、元ひめゆり学徒の方たちと出会い、いろんなお話をうかがうことができました。みなさんすでにご高齢ですが、戦争のころは少女で、それぞれに将来の夢を持っていました。そうした方々の想いを、作品にして伝えなければならないと感じました。

←知覧基地から出撃する特攻隊員と、桜の花の枝をふって見送る「なでしこ隊」の女学生たち。
（毎日新聞社）

【なでしこ隊】知覧高等女学校の生徒は「なでしこ隊」と呼ばれ、知覧基地でそうじや洗濯、さいほうなど、特攻隊員の身のまわりの世話をしました。彼女たちは、出撃する兵士たちを滑走路で見送るとともに、死を目前にした特攻隊員の様子などを日記に書き残しました。

「今日を生きている」「明日という日がある」その幸せを伝えたい。

落語で伝えたい想いを受け取って、考えてほしい

この作品の初演を観たお客様から、「悩みごとがあって、生きるのが苦しかったけれど、この作品を観て明日からも生きようと思った」というご意見もいただきました。

また、小学3年生の子がこの作品を最後まで観てくれて「よくわからない部分もあったけど、何か大事なことを話していると思った」と言ってくれました。

↑『ニライカナイで逢いましょう ～ひめゆり学徒隊秘抄録～』
元ひめゆり学徒隊の集まりに参加した若者が、今はおばあちゃんとなった当時の学徒たちと引率教師だった看護婦長との話を聞いて、自分のおばあちゃんの過去を初めて知る。

わたしたちの世代は、これまでのように、自分が支持する思想をおたがいに主張し合うのではなくて、どうすれば今の時代に平和をつくっていけるのか、一人ひとりがさまざまな思考をめぐらせることが大事だと思うんです。

わたしが発信した「落語で伝えたい想い」を、一人ひとりが自分のこととして受け取って、「命の大切さ」や「今を生きること」について考えてくれることを望んでいます。

（撮影：大西二士男）

【ニライカナイ】 沖縄や奄美群島などで信じられてきた、海底などにあるとされる理想的な世界、死後の世界。

全国 施設を見る
知覧特攻平和会館の活動

鹿児島県南九州市にある知覧特攻平和会館での活動を紹介します。

左）特攻隊員の若者たち（毎日新聞社）　右）疾風（知覧特攻平和会館）

全国から来る修学旅行生に特攻を知ってもらう

南九州市では、「平和の尊さを語り継ぐ都市」として、1987（昭和62）年に知覧特攻平和会館を開設しました。

それから毎年、全国から数多くの修学旅行生を受け入れ、平成28年度には、全国約500校、4万4000人もの学生が訪れました。

特攻隊員の数々の遺書、遺品、遺影の展示は、訪れた修学旅行生たちに命の尊さや平和の大切さを語りかけています。

遺影の展示（知覧特攻平和会館）

←↓飛行帽とハチマキ（知覧特攻平和会館）

特攻隊員の最期の言葉（知覧特攻平和会館）→

第4章 | 戦争体験を「語り」・「継ぐ」 日本全国の活動

平和へのメッセージfrom知覧 スピーチコンテスト

↑第28回スピーチコンテストの様子（平成29年）。

1989（平成元）年、修学旅行で知覧特攻平和会館を訪れた一人の女子高校生からの1通の手紙がきっかけとなり、その翌年から「あした いのち かがやけ」をテーマにスピーチコンテストを開催しています。

毎年、全国の小学生・中学生・一般の方から多くのスピーチ原稿が寄せられ、知覧から世界に向けて平和のメッセージを発信し続けています。

東京の中央大学で企画展を開催

2017（平成29）年12月、知覧特攻平和会館は、中央大学（東京都八王子市）で「戦争を生きた先輩たち〜中央大学出身の特攻隊員〜」を開催しました。東京での企画展は初めてのことです。

図書館入り口に設けられた特設の展示コーナーには、戦争当時、中央大学の学生だった2名の特攻隊員の写真や手紙などが展示されました。訪れた大学生たちは、自分と同じ年ごろだった先輩という親近感もあり、展示資料を真剣に見入っていました。

↑企画展「戦争を生きた先輩たち」を見る大学生。

◀学芸員さんに聞く▶

それぞれの受け取り方で考えてほしい

坂元恒太さん
知覧特攻平和会館学芸員

知覧特攻平和会館は、これまで特攻隊員の遺族や関係者の「慰霊の場」としての大切な役割をになってきました。

けれども近ごろは、特攻隊のことを知らない世代の来館者が増えており、「未来を考えるために、過去をふりかえるための施設」としての役割の充実が求められています。

そこで、背景を知らない人や子どもでも理解できるような「わかりやすい展示」を心がけています。また同時に、個人の想いを強く押し出すよりも、当時の資料をなるべく解説などをつけずにそのまま展示したりして、観た人それぞれの受け取り方で、特攻や平和について考えてもらえるように努力しています。

■知覧特攻平和会館のくわしい情報は　http://www.chiran-tokkou.jp

特攻攻撃を受けたハワイの戦艦ミズーリで特攻隊の企画展を開催

戦艦ミズーリ記念館で行われた特攻企画展の展示のようす。

アメリカ合衆国ハワイ州の真珠湾にある戦艦ミズーリ記念館は、太平洋戦争で使われたアメリカの軍艦を保存した資料館です。この戦艦ミズーリは、戦争中に日本の特攻攻撃を受け、その攻撃の跡が今も残っています。

戦艦ミズーリ記念館と知覧特攻平和会館の協力によって、特攻隊員の遺書や手紙などの資料を展示する企画展の開催が実現しました。

鹿児島県南九州市知覧町

ハワイ→

【降伏文書調印】1945（昭和20）年9月2日、ポツダム宣言を受諾した日本が、連合国に降伏することを正式に定めた文書に調印した儀式のこと。日本側は天皇と政府を代表して重光葵外相、大本営を代表して梅津美治郎参謀総長が署名した。連合国側はマッカーサー連合国軍最高司令官のほか、各連合国の代表が署名した。

ハワイの真珠湾にある戦艦ミズーリ記念館

アメリカ海軍の戦艦ミズーリは、太平洋戦争のときに日本軍と戦った軍艦です。

1945（昭和20）年4月11日、戦艦ミズーリは鹿児島県の喜界島沖を航行中に特攻機の攻撃を受けました。船は沈みませんでしたが、体当たりした特攻機は船の甲板に穴をあけ、特攻隊員は亡くなりました。

このとき、戦艦ミズーリのウイリアム艦長は、「たとえ敵の兵士でも、死んだら敵ではない。国のために命をささげた勇士である」と言って、兵士の遺体を手づくりの日の丸で包み、ていねいに水葬したそうです。

その後、戦艦ミズーリは終戦後の9月2日に東京湾内に停泊し、その艦上で、日本の降伏文書調印が行われるという歴史的な舞台となりました。

軍艦としての役目を終えた戦艦ミズーリは、1999（平成11）年から、「真珠湾攻撃」の舞台であるハワイ・オアフ島に保存されることになりました。

船そのものが太平洋戦争を伝える貴重な遺産ですが、艦内で真珠湾攻撃などの資料を展示する「戦艦ミズーリ記念館」として一般公開され、戦争の悲惨な歴史を次の世代に伝える大切な役割を果たしています。

←真珠湾にある戦艦ミズーリ記念館。
（写真・戦艦ミズーリ保存協会）

アメリカ人が忘れない真珠湾攻撃

1941（昭和16）年12月3日、日本軍がハワイの真珠湾にあったアメリカ海軍基地を爆撃し、太平洋戦争が始まりました。日本の宣戦布告がアメリカ政府に届く前に攻撃が行われたことで、アメリカ軍は多くの犠牲者を出し、アメリカ国民は「日本軍によるひきょうな攻撃」と非難しました。

その後、アメリカ軍の兵士たちが「リメンバー・パールハーバー」（真珠湾を忘れるな）を合い言葉に、戦争の士気を高めたことは、今でもよく知られています。

↑1941年12月8日、ハワイの真珠湾にあるアメリカ軍基地を爆撃する日本の戦闘機。
（毎日新聞社）

アメリカと日本の記念館が、協力して特別展を実現

　特攻攻撃から70年目の2015（平成27）年4月11日、ハワイにある戦艦ミズーリ記念館で、知覧特攻平和会館に残る特攻隊員の遺書や軍服などを展示する特別展が開かれました。

　この特別展が開かれるきっかけとなったのは、日本の新聞に掲載された戦艦ミズーリ記念館の記事を知覧特攻平和会館の職員が目にしたことでした。

　「特攻機が突入した戦艦とわかっていても、多くの人がくわしい歴史を知らないのでは…」と、記事を読んだ職員が戦艦ミズーリ記念館と連絡を取り、「次の世代に事実を正しく伝える必要がある」と意見が一致したことで、企画展が実現しました。

　特別展での展示品は、遺書や手紙の複製、軍服など19点と隊員の写真約80枚。

　企画展の開会の日、特攻攻撃の傷あとが残る戦艦の甲板で行われた式典では、戦死した隊員が恋人にあてた「会いたい…」とつづった手紙が日本語と英語で紹介され、出席者の多くが涙しました。

　戦艦ミズーリ記念館のマイク・カー館長は、

↑特攻隊員の遺品。

特別展が実現するまで

📧 **戦艦ミズーリ記念館**

真珠湾攻撃がどんなものだったか、日本人にも正しく理解してほしいのに、日本人の来館者が少ないのは残念です。
（日本の新聞記事）

📧 **知覧特攻平和会館**

それでしたら、わたしたちの平和会館と何か交流ができませんか。

いいアイデアですね。わたしたちは真珠湾攻撃の展示をしていますが、日本の国や日本人に対して、うらみやにくしみは全くありませんよ。

なんてすばらしい姿勢なんでしょう。ぜひともお力になりたいです。

特攻隊の資料を貸し出してもらえませんか。わたしたちアメリカ人も特攻隊のことを正しく理解したいのです。

第4章 | 戦争体験を「語り」・「継ぐ」 日本全国の活動

「日米が協力して実現した展示を誇りに思う」と語り、南九州市の霜出市長（当時）も「特攻の資料を持つ日本の施設と特攻を受けたミズーリの記念館が協力する意義は大きい。今後もさらに理解を深め事実を伝えたい」と話しました。

↑ミズーリ記念館の企画展にかざられた特攻隊員の写真。

企画展を見た人たちの感想

No matter the side of the battle, every life is precious. This exhibit really brought this home for me.

【意訳】
戦争のどちらの側にいるかが問題ではなく、どんな命もかけがえのないものである。企画展を通してこのことが身にしみた。

Thank you for reminding us that freedom isn't free.

【意訳】
自由は当然ではないということを、我々に気づかせてくれてありがとう。

Very interesting. I learned so much in this exhibit. More than I have learned being married to a US Navy sailor. Thank you.

【意訳】
非常に興味深い。わたしはアメリカ海軍の水兵と結婚し、いろいろなことを学んだが、それ以上にたくさんのことをこの企画展で学んだ。ありがとう。

Let's keep peace in the world. 16 million deaths are enough. No humans deserve to die and deserve war.

【意訳】
平和な世界を維持しよう。1,600万人、もうこれ以上の死は見たくない。死んでよい人間も、戦争をしてよい人間も、一人だっていない。

満州からの引き揚げ者が書いた手記を一人芝居にして公演

瀬田ひろ美さん
女優　劇団キンダースペース

1985年、劇団キンダースペース創立に参加。現在は、女優、声優のほか、演劇ワークショップ講師、朗読の講師として活動している。2013年から毎年、東京新宿にある平和祈念展示資料館で、戦争をテーマにした一人芝居の公演を続けている。

女優の瀬田ひろ美さんは、東京の平和祈念展示資料館を中心に、戦後の引き揚げ体験者を演じる一人芝居の公演を行っています。なぜ、そうした公演を行っているのか、そのきっかけや想いなどを聞きました。

一人芝居を始めたきっかけは、資料館の学芸員さんから

2013年の春のことです。平和祈念展示資料館からわたしの劇団に、「30分ぐらいの時間で何かやっていただけませんか」というお話をいただいたのがきっかけです。

そのときすでに、わたしたちの劇団では子ども向けのワークショップなどをやっていたのですが、戦争がテーマのものはやったことがありませんでした。何ができるかと考えた末に、劇団で何度かやっていた"モノドラマ"を提案しました。モノドラマというのは、物語の地の文とセリフの文の両方を一人で演じるものです。

すると、今度は学芸員さんから、戦争体験者の方々の手記を集めた『平和の礎』という本を紹介されて、この中にある引き揚げ体験者の二つの手記のうちのどちらか一つを、一人芝居にできないかと相談されました。

そこで、若いお母さんが満州から日本に引き揚げてくる間に3人の子ども全員を亡くしてしまうお話を選んで、『生き地獄からもどったわたし！』という一人芝居をつくることに決めました。

しかし、このときわたしは戦争のことをほとんど知りませんでした。そこで、当時の学芸員さんから引き揚げの資料を紹介してもらったり、自分で勉強したりして、なんとかお芝居の台本を完成させました。

高齢者の方にも子どもにも想いが伝わったと感じられた

『生き地獄からもどったわたし！』は、2013（平成25）年から始めて3年間、毎年1回か2回、平和祈念展示資料館で公演をしました。また、戦後70年となった2015（平成27）年には、和歌山県と長野県の大きな舞台でもやらせていただきました。

この公演をやってみてよかったことは、戦争中に子どもを亡くされて、引き揚げられた若いお母さんのつらい想いが、わたしのお芝居を通じて、多くの人に伝わったと感じることができたことです。

ご高齢の方は、涙を流しながら観ていることがありました。そして、お芝居が終わった後にわたしのところに来て、「わたしも当時こんなつらい体験をした」とお話をされることがあります。みなさん、これまでだれかに話をしたくても、話す機会がなかったのでしょう。

また、お母さんに連れられて来ている小さなお子さんたちは、体を乗り出して最後

→『平和の礎』
戦争体験者の手記を集めた本。「兵士編」「抑留編」「引揚編」の3編、それぞれ19巻あります。

まで真剣に観てくれました。戦争のことは知らなくても、きっと何かを感じ取ってくれたんだと思います。

わたしの友達も毎回見に来てくれて、「これはすごくいいお芝居だから、絶対続けた方がいいよ。ライフワークにするべきだよ」と言ってくれました。

そうしたみなさんの反応を見ると、「もっとたくさんの物語を演じたい」という気持ちがわきました。

具体的なエピソードほど伝わりやすい

資料館の学芸員さんと相談して、2017（平成29）年に、2作目を公演することになりました。そこで、『平和の礎』の中にあるたくさんのお話を一生懸命に読んで、『父さんはとうとう帰って来ませんでした』というお芝居をすることにしました。二人の子どもを持つ母親が夫の無事を祈りながら、日本人孤児の手助けをするお話です。

このお話を選んだ理由は、1作目のときも同じなんですが、どちらも具体的なエピソードが書かれていて、一人芝居にしたときに観る人がイメージしやすいと思ったからです。逆に、「悲しかった」「つらかった」といった感情がストレートに書かれた手記は、なかなか伝わりにくいのです。

やはり、一人芝居は、お客さんが観るときに、具体的なエピソードや物の名前が出てきた方が想像力を働かせやすいですし、共感できると思います。

芝居に取り上げたことで体験者の想いがつながった

『父さんはとうとう帰って来ませんでした』というお芝居は、江頭さんという方の手記が原作ですが、当時、江頭さんといっしょに引き揚げてこられた人たちは全国に散らばっていて、江頭さんの手記のことを知りませんでした。

ところが、わたしがこのお芝居に取り上げたことで、江頭さんのことが知れわたり、「わたしもその孤児院にいて写真を持っている」とか、「わたしも同じ引揚船に乗っていた」とか、いろいろな人とのつながりができました。これまでばらばらだった人たちの想いが、70年以上のときを経て、一つになった気がします。

戦争をした相手の国の人たちにも相手の立場がある

また、この一人芝居をしたことで、わたし自身が戦争に関して新たに感じたことがあります。

『父さんはとうとう帰って来ませんでした』

自分以外の人の気持ちを想像できるようになってほしい。

というお芝居の中には、主人公の女性の家で働くラオトウという中国の老人が出てきます。その老人が、主人公の幼い子どもが病気になったときに、涙を流して必死で看病してくれる場面があります。また、親のいない日本人孤児を集めてお世話してくれたヤンさんという人も中国人です。

日本が戦争に負けたとたんに、日本人を攻撃した中国人もいれば、助けてくれた中国人もいたんですね。

引き揚げのお芝居をしていて思うのは、体験者の方たちは、自分たちが「つらかった」「悲惨だった」という強い想いがあるんですが、中国人には中国人の立場があって、その人たちも必死だったんじゃないかということです。日本人を苦しめたソ連（ソビエト連邦）兵にだって、ソ連兵の立場があったんじゃないでしょうか。

つまり、戦争というのは立場のちがう人と人との対立ですけれど、相手の立場に立ってみること、自分以外の人の気持ちを想像するということが大切だと思います。

外国の学校では、ディベートという方法を使って、相手の立場に立ってみる授業をするのですが、日本でも子どものうちにそうした体験が増えるといいのではないでしょうか。

戦争を体験した人たちの想いを一人芝居で伝えていきたい

わたしたちの世代は、戦争のことを知らずにすんだ世代です。

わたしの父は、兵士として中国に行っており、父から戦争の話は時々聞いていました。しかし、つらかった戦争体験の話を子どもたちに話そうとしない方も多くいらっ

【ディベート】一般的に、一つの議題について、賛成の立場と反対の立場の二つのグループに分かれて討論することを言います。このとき、自分は本当は賛成の立場であっても、反対の立場のグループに入って意見を言うことで、相手の立場に立って物事を考える訓練ができます。

しゃいます。

ところが最近になって、高齢者の方々の中には、「自分が体験したことを、今話しておかないと」という想いの人が増えているように感じます。

ふつうの人は、きょうだいや子どもを亡くした過去のつらい体験をあまり思い出したくないものです。それでも、だれかに伝えておかなければ、という想いがあるのです。

戦争は、軍隊と軍隊の戦いだけではありません。戦争中でも、一人ひとりが日常生活を送っていて、食事もすればトイレにも行きました。そんなお母さんや子どもたちが戦争の犠牲になります。そうした方々が体験したことを次の世代に伝えていくことは、すごく大切なことだと思います。

『平和の礎』には、戦争体験者の手記がたくさん残されていますので、わたしはこれからも、一人芝居という方法で多くの人に伝え続けていこうと思っています。

「父さんはとうとう帰って来ませんでした」を観た人の感想

つらい、きつい感情を強く表現するのでなく、やさしく、ときには笑顔で伝える瀬田さんのお芝居は、まるでご本人がつらい時代を生きぬいた強い女性がここにいて語っているようでした。

当たり前の日常があると信じていた普通の人々の体験した、たくさんの「え？」という日常がうばわれる瞬間が、女性にとっての戦争だったのかもしれないなと思いました。

すばらしかったです。時間のたつのを忘れました。胸がつまる想いで観ていました。心にストレートにひびきました。

わたしたちは戦争というものを体験していないから、一人芝居を観て、こういうふうな形で、今まであったことを知って、二度と戦争をくり返さないようにしなければいけないと、改めて思いました。すごく勉強になりました。（20代）

人に聞く

シベリア抑留者の一人芝居を演じる

森下高志さん
俳優 劇団キンダースペース

瀬田ひろ美さんと同じ劇団キンダースペースの俳優。瀬田さんとともに、2017年から平和祈念展示資料館で、シベリア抑留をテーマにした一人芝居「青春ドラマー運命の奇跡」の公演を行っている。

戦争を生き延びられた方々、一人ひとりの人生を伝えたい

この資料館には、「兵士」「シベリア抑留」「引き揚げ」という3つのテーマがありますが、女性の瀬田さんは、「引き揚げ」をやっていますので、男性の自分は「シベリア抑留」（→86ページ）をやらせていただくことになりました。

実際に、戦争を体験された若月さんという方が書いた手記をもとに演じるのですが、ぼくがどれだけ若月さんになりきろうと思ってもできません。ですから、若月さんから受け取ったものをぼくというフィルターを通して、舞台の上で提示できたらと思ってやっています。

一人芝居のよさは、お客さん一人ひとりが自分の想像力を働かせて観られるという点です。ぼくが演じるホーチャという人物も、お客さんそれぞれがちがうホーチャを観ている。その方が、一人ひとりの心に深く感じるものがあると思います。

今回の若月さんのほかにも、大勢の方がそれぞれの体験をされていますので、一人でも多く、一人芝居にして伝えられることができたらいいと思います。

「青春ドラマー運命の奇跡」を観た人の感想

非常にぜいたくな体験ができました。もっと多くの人が観て、いろいろなことを感じてほしい。（31歳）

観客に自由に想像させてくれる押し引きのバランスがすばらしいと感じました。いろいろ考える機会をいただき、ありがとうございました。

> 全国 施設を見る

平和祈念展示資料館の活動

東京都西新宿にある平和祈念展示資料館は、アジア・太平洋戦争における兵士、戦後強制抑留者、海外からの引揚者の労苦体験をあつかう施設です。

ワークショップ「子ども記者による新聞づくり」

平和祈念展示資料館では、一年を通してさまざまなイベントを行っていて、特に夏休み期間中は、子ども向けのイベントを充実させています。

2017（平成29）年には、「子ども記者による新聞づくり」のワークショップを開催。参加した子どもたちは、学芸員さんたちから、これまで知らなかった戦争のことを教わり、自分だけの『平和祈念新聞』をつくりました。

新聞づくりの様子

1 展示資料の説明を聞いてメモをとる

2 台紙にはる写真などの材料を選ぶ

3 台紙に写真をはり自分が感じたことなどの記事を書く

4 新聞の完成

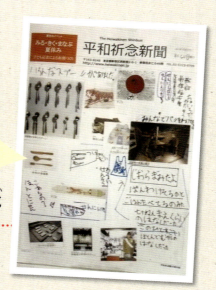

第4章 | 戦争体験を「語り」・「継ぐ」 日本全国の活動

↑夏休み期間中は、一人芝居やワークショップのほかにも、語り部お話会や上映会などのイベントを行っています。

来館した子どもたちの感想

今の自分が、どれだけ幸せなのかということがよくわかりました。また戦争中のできごとを知り、食べ物を残さず食べようと思いました。

戦後のシベリア抑留者の方々の当時の様子など、全くといっていいほど知らなかったので、くわしく知れてよかった。

◀学芸員さんに聞く▶

一人芝居を観に来て、理解を深めてほしい

加藤つむぎさん
平和祈念展示資料館学芸員

わたしは、この資料館の学芸員になって初めて『平和の礎』という戦争体験者の方々の手記を読みました。さまざまな方の体験を知ることによって、当館の展示資料に対する愛着がわいてきて、来館者の方々にもぜひこの想いを共有してほしいという気持ちになりました。

わたしも瀬田さんも森下さんも、戦争を体験していない世代ですが、体験者の方々が生きられた人生を、わたしたちなりになんとかして伝えようという想いは同じです。

当館では子ども向けのワークショップなど、さまざまなイベントを行っています。中でも一人芝居や朗読などは、わたしたちの想いを伝えるために大きな役割を果たしています。

一人芝居を観た人は、きっとそれぞれに何かを感じるでしょう。その想いを受け取った後に館内の展示資料を見てみると、芝居を見る前とはちがった見方ができて、よりいっそう理解が深められると思います。

■平和祈念展示資料館のくわしい情報は　http://www.heiwakinen.jp

活動を見る（全国）

夜空に大輪の花を咲かせて
世界平和を祈る〜長岡花火〜

↑空襲の犠牲者の慰霊と、恒久平和を祈る花火「白菊」。

新潟県長岡市では、毎年8月1日から3日にかけて、長岡まつり大花火大会が行われます。「慰霊」、「復興」、「平和への祈り」の想いがこめられた長岡花火について紹介します。

空襲で亡くなった人の慰霊と
戦後の復興を願った花火「白菊」

毎年夏には、全国各地で花火大会が行われています。それらの多くは、観光花火や競技会として打ち上げられていますが、新潟県長岡市の長岡花火には、特別な想いがこめられているのです。

【長岡花火の映画】2012(平成24)年、長岡花火を題材にした映画「この空の花ー長岡花火物語」(大林宣彦監督)が公開されました。

1945（昭和20）年8月1日の夜、終戦の日の14日前のことです。長岡市の上空に125機のB29大型爆撃機がやってきて、1時間40分の間に16万発もの焼夷弾を投下しました。この空襲で、旧市街地の8割が焼け野原となり、燃えさかる炎によって1486名の命が失われました。

その翌年の8月1日、長岡市では、空襲で亡くなった人たちの慰霊と、焼け野原からの復興を願って、空襲の始まった夜10時30分に「白菊」という白一色の大きな花火（左ページの写真）を打ち上げる「長岡復興祭」を行いました。これが長岡花火の起源となり、その後、平和への祈りをこめて今日まで打ち上げられ続けてきたのです。

震災からの復興を祈願する「フェニックス」

2004（平成16）年10月、新潟県中越地震という大きな地震が発生し、長岡市は大きな被害を受けました。

このときも長岡市は、翌年の花火大会に震災からの復興を祈願して、「何度、被害にあっても、不死鳥のようによみがえる」というメッセージをこめた「フェニックス」という花火を打ち上げました。

そして、2011（平成23）年3月11日に起きた東日本大震災では、長岡市がいちはやく援助の手をさしのべました。新潟県中越地震のときに助けてもらった恩返しとして、原発事故で住む家を失った福島県の人たちの受け入れも積極的に行いました。

その年の夏、全国では花火大会が自しゅくされる所もありましたが、長岡市では「フェニックス」を打ち上げ、東北の復興を祈りました。

（読売新聞社）

↑2017年、ハワイのホノルルフェスティバルで打ち上げられた長岡花火。

ハワイ・真珠湾の夜空に開いた3発の「白菊」

2015（平成27）年8月15日、長岡市はハワイのホノルル市と共同で、「太平洋戦争終結70周年追悼式典」の最後に、日米開戦の地・真珠湾で長岡花火を打ち上げました。

真珠湾の夜空に打ち上げられた3発の「白菊」は、1発目は真珠湾攻撃によるアメリカ人犠牲者の慰霊、2発目は長岡空襲による日本人犠牲者の慰霊、3発目は世界の恒久平和を願うという意味がこめられていました。

2012（平成24）年から毎年3月に行われているホノルルフェスティバルでは、3発の「白菊」を皮切りに、色とりどりの長岡花火が打ち上げられています。

【フェニックス】　エジプト神話に登場する生き物で、アラビアの砂漠に住み、500年に1回、自ら火の中に入って焼かれ、その灰の中から再び幼い鳥の姿となって再生すると言われています。日本では、「火の鳥」「不死鳥」とも呼ばれることがあります。

話してみよう！ 世界から戦争をなくすには？

資料を見て、どうしたら世界から戦争をなくすことができるか話し合ってみましょう。

！ 日本と同じように、戦争をしないと憲法で定めればいいかも！

！ 武器がなければ、戦争もなくなるんじゃないかな。

！ アメリカとロシアが協力して武器の輸出を減らせば、ほかの国で戦争が起きなくなるかも。

！ おたがいを理解しようとする気持ちが大切だけど、どうすればいいんだろう…。

資料❶ 世界の武器取引

世界の武器取引量は、年々増えています。
アメリカとロシアだけで、世界の武器の半分以上を輸出しています。

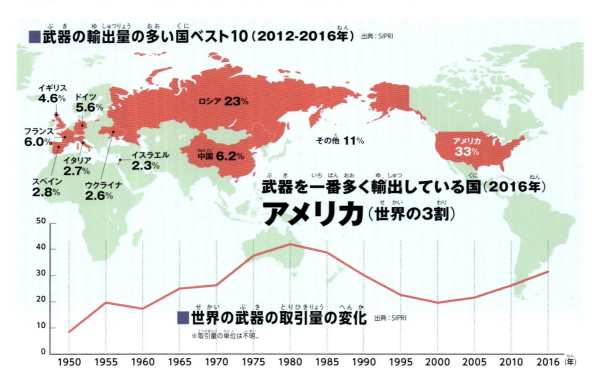

■武器の輸出量の多い国ベスト10（2012-2016年） 出典：SIPRI

- イギリス 4.6%
- ドイツ 5.6%
- ロシア 23%
- フランス 6.0%
- イタリア 2.7%
- スペイン 2.8%
- ウクライナ 2.6%
- イスラエル 2.3%
- 中国 6.2%
- その他 11%
- アメリカ 33%

武器を一番多く輸出している国（2016年）
アメリカ（世界の3割）

■世界の武器の取引量の変化 出典：SIPRI
※取引量の単位は不明。

1945（昭和20）年8月1日の夜、終戦の日の14日前のことです。長岡市の上空に125機のB29大型爆撃機がやってきて、1時間40分の間に16万発もの焼夷弾を投下しました。この空襲で、旧市街地の8割が焼け野原となり、燃えさかる炎によって1486名の命が失われました。

その翌年の8月1日、長岡市では、空襲で亡くなった人たちの慰霊と、焼け野原からの復興を願って、空襲の始まった夜10時30分に「白菊」という白一色の大きな花火（左ページの写真）を打ち上げる「長岡復興祭」を行いました。これが長岡花火の起源となり、その後、平和への祈りをこめて今日まで打ち上げられ続けてきたのです。

震災からの復興を祈願する「フェニックス」

2004（平成16）年10月、新潟県中越地震という大きな地震が発生し、長岡市は大きな被害を受けました。

このときも長岡市は、翌年の花火大会に震災からの復興を祈願して、「何度、被害にあっても、不死鳥のようによみがえる」というメッセージをこめた「フェニックス」という花火を打ち上げました。

そして、2011（平成23）年3月11日に起きた東日本大震災では、長岡市がいちはやく援助の手をさしのべました。新潟県中越地震のときに助けてもらった恩返しとして、原発事故で住む家を失った福島県の人たちの受け入れも積極的に行いました。

その年の夏、全国では花火大会が自しゅくされる所もありましたが、長岡市では「フェニックス」を打ち上げ、東北の復興を祈りました。

↑2017年、ハワイのホノルルフェスティバルで打ち上げられた長岡花火。

ハワイ・真珠湾の夜空に開いた3発の「白菊」

2015（平成27）年8月15日、長岡市はハワイのホノルル市と共同で、「太平洋戦争終結70周年追悼式典」の最後に、日米開戦の地・真珠湾で長岡花火を打ち上げました。

真珠湾の夜空に打ち上げられた3発の「白菊」は、1発目は真珠湾攻撃によるアメリカ人犠牲者の慰霊、2発目は長岡空襲による日本人犠牲者の慰霊、3発目は世界の恒久平和を願うという意味がこめられていました。

2012（平成24）年から毎年3月に行われているホノルルフェスティバルでは、3発の「白菊」を皮切りに、色とりどりの長岡花火が打ち上げられています。

【フェニックス】 エジプト神話に登場する生き物で、アラビアの砂漠に住み、500年に1回、自ら火の中に入って焼かれ、その灰の中から再び幼い鳥の姿となって再生すると言われています。日本では、「火の鳥」「不死鳥」とも呼ばれることがあります。

世界から戦争をなくすには？

資料を見て、どうしたら世界から戦争をなくすことができるか話し合ってみましょう。

- 日本と同じように、戦争をしないと憲法で定めればいいかも！
- 武器がなければ、戦争もなくなるんじゃないかな。
- アメリカとロシアが協力して武器の輸出を減らせば、ほかの国で戦争が起きなくなるかも。
- おたがいを理解しようとする気持ちが大切だけど、どうすればいいんだろう…。

資料❶ 世界の武器取引

世界の武器取引量は、年々増えています。
アメリカとロシアだけで、世界の武器の半分以上を輸出しています。

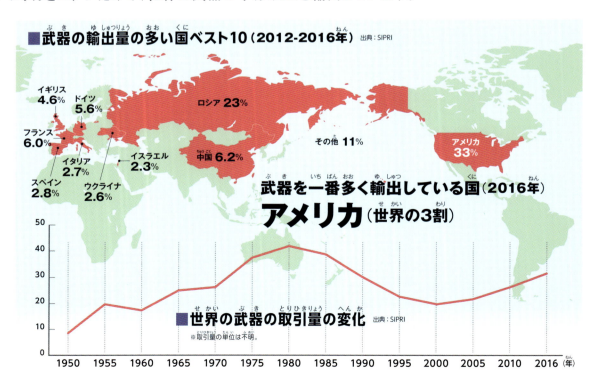

■武器の輸出量の多い国ベスト10（2012-2016年） 出典：SIPRI

- アメリカ 33%
- ロシア 23%
- 中国 6.2%
- フランス 6.0%
- ドイツ 5.6%
- イギリス 4.6%
- スペイン 2.8%
- イタリア 2.7%
- ウクライナ 2.6%
- イスラエル 2.3%
- その他 11%

武器を一番多く輸出している国（2016年）
アメリカ（世界の3割）

■世界の武器の取引量の変化 出典：SIPRI
※取引量の単位は不明。

資料❷ 日本国憲法の「平和主義」

日本国憲法は、主権者は国民であること（国民主権）、戦争を放棄すること（平和主義）、すべての国民が自由で平等であること（基本的人権の尊重）を定めています。
日本国憲法は、前文と11章103条の条文からなり、
前文と第二章の第九条で戦争の放棄すること（平和主義）をうたっています。

「前文」より

日本国民は、恒久の平和を念願し、人間相互の関係を支配する崇高な理想を深く自覚するのであって、平和を愛する諸国民の公正と信義に信頼して、われらの安全と生存を保持しようと決意した。われらは、平和を維持し、専制と隷従、圧迫と偏狭を地上から永遠に除去しようと努めている国際社会において、名誉ある地位を占めたいと思う。われらは、全世界の国民が、ひとしく恐怖と欠乏から免かれ、平和のうちに生存する権利を有することを確認する。

We, the Japanese people, desire peace for all time and are deeply conscious of the high ideals controlling human relationship, and we have determined to preserve our security and existence, trusting in the justice and faith of the peace-loving peoples of the world. We desire to occupy an honored place in an international society striving for the preservation of peace, and the banishment of tyranny and slavery, oppression and intolerance for all time from the earth. We recognize that all peoples of the world have the right to live in peace, free from fear and want.

第二章　戦争の放棄　〔戦争の放棄と戦力及び交戦権の否認〕

第九条　日本国民は、正義と秩序を基調とする国際平和を誠実に希求し、国権の発動たる戦争と、武力による威嚇又は武力の行使は、国際紛争を解決する手段としては、永久にこれを放棄する。
2　前項の目的を達するため、陸海空軍その他の戦力は、これを保持しない。国の交戦権は、これを認めない。

Article 9. Aspiring sincerely to an international peace based on justice and order, the Japanese people forever renounce war as a sovereign right of the nation and the threat or use of force as means of settling international disputes.
(2) In order to accomplish the aim of the preceding paragraph, land, sea, and air forces, as well as other war potential, will never be maintained. The right of belligerency of the state will not be recognized.

第5章　戦争体験を「語り」・「継ぐ」

世界の活動

Illustration by Sachiko Ikoma

国際連合憲章 前文

—— 国際連合（国連）の創設に参加した国々のすべての人民が持つ理想と共通の目的

We the peoples of the United Nations determined to save succeeding generations from the scourge of war, which twice in our lifetime has brought untold sorrow to mankind, and to reaffirm faith in fundamental human rights, in the dignity and worth of the human person, in the equal rights of men and women and of nations large and small, and to establish conditions under which justice and respect for the obligations arising from treaties and other sources of international law can be maintained, and to promote social progress and better standards of life in larger freedom, and for these ends to practice tolerance and live together in peace with one another as good neighbours, and to unite our strength to maintain international peace and security, and to ensure, by the acceptance of principles and the institution of methods, that armed force shall not be used, save in the common interest, and to employ international machinery for the promotion of the economic and social advancement of all peoples, have resolved to combine our efforts to accomplish these aims. Accordingly, our respective Governments, through representatives assembled in the city of SanFrancisco, who have exhibited their full powers found to be in good and due form, have agreed to the present Charter of the United Nations and do hereby establish an international organization to be known as the United Nations.

われら連合国の人民は、われらの一生のうちに二度まで言語に絶する悲哀を人類に与えた戦争の惨害から将来の世代を救い、基本的人権と人間の尊厳及び価値と男女及び大小各国の同権とに関する信念を改めて確認し、正義と条約その他の国際法の源泉から生ずる義務の尊重とを維持することができる条件を確立し、一層大きな自由の中で社会的進歩と生活水準の向上とを促進すること、並びに、このために、寛容を実行し、且つ、善良な隣人として互いに平和に生活し、国際の平和及び安全を維持するためにわれらの力を合わせ、共同の利益の場合を除く外は武力を用いないことを原則の受諾と方法の設定によって確保し、すべての人民の経済的及び社会的発達を促進するために国際機構を用いることを決意して、これらの目的を達成するために、われらの努力を結集することに決定した。
よって、われらの各自の政府は、サンフランシスコ市に会合し、全権委任状を示してそれが良好妥当であると認められた代表者を通じて、この国際連合憲章に同意したので、ここに国際連合という国際機関を設ける。

資料を見る

世界ではどんな争いが起きているの？

世界各地で、民族や宗教、政治体制のちがいなどを原因とする争いが起きています。

写真で知る

国内紛争が起こる

世界では、一つの国の中で対立する勢力が、武力衝突する「国内紛争」が起きています。2011（平成23）年、政治体制や宗教、民族の対立がからみ合って、西アジアのシリアで内戦が起き、一般市民が戦闘に巻きこまれました。

（ロイター／アフロ）

世界中でテロ事件が起こる

（BOMZE ZIGMUND/Gamma/AFLO）

爆弾や暴力などで人々をおそい、自分たちの目的をはたそうとする行為を「テロ」と言います。2001（平成13）年9月11日、アメリカ同時多発テロ事件が起こり、その後も世界のあちこちでテロ事件が起きています。

生きていくために難民となる

戦争や紛争などによって、住む土地を追われた人々を「難民」と言います。国内の別の場所に逃げるだけではなく、ほかの国に逃げる人々もたくさんいます。

（Barcroft Media／アフロ）

【アメリカ同時多発テロ事件】アメリカで4機の旅客機がハイジャックされ、2機がニューヨークの世界貿易センタービルに、1機がワシントンの国防総省につっこみました（1機は墜落）。旅客機にいた人、建物にいた人、救助に向かった人など、約3,000人が亡くなりました。

第5章 | 戦争体験を「語り」・「継ぐ」世界の活動

地図で知る　長期化する紛争

アジアや中東、アフリカなど、世界ではさまざまな紛争が起きています。
国内紛争は、周りの国々がどちらかに味方したり、同じ国で紛争がくり返し起きたりして、長期化することも少なくありません。

■世界のおもな紛争

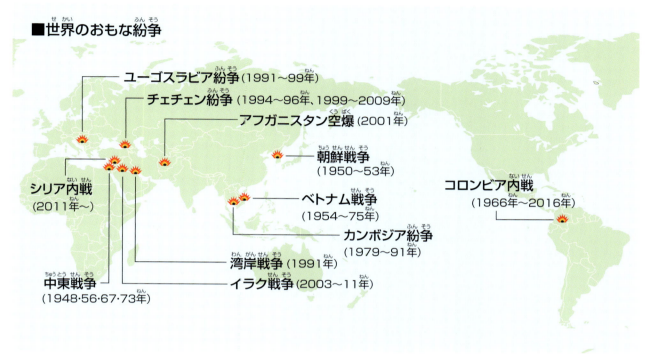

- ユーゴスラビア紛争（1991〜99年）
- チェチェン紛争（1994〜96年、1999〜2009年）
- アフガニスタン空爆（2001年）
- 朝鮮戦争（1950〜53年）
- コロンビア内戦（1966年〜2016年）
- シリア内戦（2011年〜）
- ベトナム戦争（1954〜75年）
- カンボジア紛争（1979〜91年）
- 湾岸戦争（1991年）
- 中東戦争（1948・56・67・73年）
- イラク戦争（2003〜11年）

（『防衛白書』などより作成）

数字で知る　子ども兵士の数は約25万人

紛争地域では、多くの子どもたちが兵士にさせられています。現在、子ども兵士の数は、世界で少なくとも25万人以上いると言われています。子どもがみずから志願して兵士になる場合もありますが、ゆうかいされて、むりやり兵士にさせられる場合もあります。

約 **250000人** の子どもが紛争地域で兵士になっています

10000人

【難民キャンプ】　難民が発生した場合、難民を受け入れた国で難民キャンプが設置されます。難民キャンプでは、テントなどをはって住む所をつくり、食べ物や飲み物、衣服などが提供されます。

世界に平和をうったえた人々

2016年にブラジルで開催されたリオデジャネイロオリンピック、男子400mリレー決勝。
(青木紘二／アフロスポーツ)

オリンピックを通して世界が一つになることを願った
クーベルタン

ピエール・ド・クーベルタン（1863年1月1日～1937年9月2日）
フランスの教育者。古代オリンピックを復活させ、近代オリンピックの基礎をつくり「近代オリンピックの父」と呼ばれる。1896年から1925年まで国際オリンピック委員会会長を務めたほか、オリンピック・シンボルの考案など、オリンピックの発展に力を注いだ。

(Ullstein bild／アフロ)

> 人生にとって大切なことは、
> 成功することではなく、努力することである。

1908年の第4回ロンドンオリンピックで、絶えず対立していたアメリカとイギリスの選手団に、教会の主教が「オリンピックで重要なことは、勝つことではなく参加することである。」と語りました。これに感動したクーベルタンが、主教の言葉を引用してスピーチで話した内容です。

【オリンピックの開会式】 以前は平和の象徴のハトが、オリンピック開会式に解き放たれることがオリンピック憲章に書かれていました。しかし、1998（平成10）年の長野大会からは動物愛護の観点から見直され、風船やモニター映像、ダンスなどでハトを飛ばす表現になりました。

第5章 | 戦争体験を「語り」・「継ぐ」　世界の活動

平和の願いをこめてオリンピックを復活させたクーベルタン

体と心の発達に欠かせないスポーツ

紀元前の古代ギリシャでは、神様をたたえるためのスポーツ大会として、4年ごとに「古代オリンピック」が開かれていました。この古代オリンピックを1500年以上たってから復活させたのが、フランスのクーベルタンです。

クーベルタンがオリンピックを思いついたのは、19世紀後半のことです。このころのヨーロッパは、国同士の争いが絶えず起こっていました。そうした中、イギリスの学校を見学したクーベルタンは、学生たちが体をきたえ、正々堂々とスポーツに取り組んでいる姿に感動します。そして、体と心の発達にはスポーツが欠かせないと考えました。

クーベルタンは、古代オリンピックを参考にしながら、「スポーツを通じて、心と体をきたえ、国や文化のちがいに関係なく、おたがいに理解し合い、友情を深めて、世界平和につなげていこう。」という願いをこめて、1896年に第1回オリンピックを開催しました。

平和の願いがこめられた「オリンピズム」

クーベルタンがオリンピックにこめた願いを「オリンピズム」といいます。オリンピズムは「オリンピック憲章」にくわしく記されています。オリンピック憲章は、オリンピックを開催するときに守らなければいけないものです。

(新華社／アフロ)

↑古代オリンピックを参考にして、聖火の点火が行われています。

【オリンピックの閉会式】開会式は国ごとに整列して入場しますが、閉会式は今まで競い合っていた選手たちが、国に関係なくかたを組んだり写真を撮ったりと、自由に入場します。その様子は、オリンピック・パラリンピックが平和の祭典であることを表しています。

五つの輪が重なるオリンピック・シンボル

オリンピック・シンボルは、1914年にクーベルタンがつくりました。左から青、黄、黒、緑、赤とならぶ五つの輪は、世界の五大陸を表しています。世界中の人々が、オリンピックを通して友情を育み、協力し合って結ばれることを表現しています。

オリンピック旗にも、このオリンピック・シンボルがえがかれています。輪の五色と背景の白の六色の組み合わせによって、世界中のほとんどの国旗がえがけることから、「世界は一つ」という意味がこめられています。

↑開催国に引き継がれていくオリンピック旗。

引き継がれるクーベルタンの願い

引き継がれる戦争の中止

古代オリンピックでは、大会が開かれている期間をはさんで3か月間を「エケケイリア（聖なる休戦）」と呼び、この期間は戦争を中止していました。この考えは、現在のオリンピック・パラリンピックにも引き継がれています。

オリンピック・パラリンピック期間中は戦争を中止しようという決まりは1993年から始まりました。オリンピックが始まる7日前からパラリンピック最終日の7日後までの間、国連に入っているすべての国に対し、戦争を中止するように呼びかけています。

韓国と北朝鮮の同時入場

2000年のシドニーオリンピック開会式では、現在も分断されたままになっている韓国と北朝鮮の選手団が初めて「コリア」という名前で同じ旗を持って入場しました。この様子に多くの人が感動しました。オリンピックが平和の祭典であることが、改めて世界に伝わった出来事でした。

↑2000年のシドニーオリンピック開会式。韓国と北朝鮮の同時入場は、その後、2004年のアテネ大会、2006年のトリノ冬季大会まで続きました。

【オリンピックと戦争】第一次世界大戦によって、1916年のベルリン大会は中止になりました。再開された1920年のアントワープ大会で、初めてオリンピック旗が会場でひろうされました。

↑リオデジャネイロオリンピックの開会式。難民選手団が入場すると、会場は大きな拍手と歓声に包まれました。

母国代表になれない選手にも出場機会を

2016年のリオデジャネイロオリンピックでは、オリンピック史上初めて「難民選手団」が結成されました。難民とは、戦争や差別などで自分の国で暮らすことができず、ほかの国へ逃れてきた人たちのことです。難民となったために母国代表になれない選手にも、オリンピックに出場する機会をあたえようと、国際オリンピック委員会が難民選手団をみとめたのです。

リオデジャネイロオリンピックの難民選手団は、シリア、コンゴ民主共和国、エチオピア、南スーダン出身の10名で結成されました。それぞれ、内戦などのつらく苦しい体験を乗りこえ、オリンピックに出場しました。

難民問題を世界に問うきっかけに

シリア出身で競泳女子のユスラ・マルディニ選手は、大会後「オリンピックはすべての選手にとって夢の舞台で、世界中の難民に『夢はかなえられる』と伝えたい。」と話しました。難民選手団は、多くの難民に希望をあたえ、難民問題を世界に問いかけることになりました。

「スポーツを通じて世界平和をめざす。」というクーベルタンの想いは、戦争の中止や難民選手団結成など、さまざまな形で引き継がれています。これからも、オリンピック・パラリンピックが世界平和のきっかけになることが期待されています。

【オリンピックと戦争】第二次世界大戦によって、1940年、1944年のオリンピックは、2回連続で中止となりました。

世界 世界に平和をうったえた人々

> わたしは理想を捨てません。
> たとえいやなことばかりでも、
> 人は本当にすばらしい心を
> 持っていると
> 今も信じているからです。

（AP/アフロ）

1944年7月15日の日記に書かれていた言葉です。戦争によって、どんどん悪くなる状況の中でも、未来に希望を持ち続けていたことがわかります。

↑アンネが日記をつけていた手帳。
（©Alamy/PPS通信社）

戦争中の隠れ家生活を
日記に書いて世界中で読まれた

アンネ・フランク

アンネ・フランク（1929年6月12日～1945年3月上旬）
ドイツのフランクフルトで、ユダヤ系ドイツ人一家の次女として生まれる。第二次世界大戦中、ユダヤ人の迫害が強まり、一家でオランダのアムステルダムに移住し、2年間の隠れ家生活を送る。そこでの生活について書かれた『アンネの日記』は、世界的なベストセラーになった。

【ユダヤ人迫害】第二次世界大戦中、ナチス・ドイツは大勢のユダヤ人を強制収容所に送り、毒ガスなどで殺害しました。

つらく苦しい迫害の中、隠れ家で日記を書いたアンネ

ユダヤ人一家に生まれたアンネ

アンネ・フランクは1929年6月12日にドイツのフランクフルトで生まれた女の子です。父オットー、母エーディト、3歳上の姉マルゴーの4人家族でした。フランク一家はユダヤ人でした。

アンネが4歳のころ、アドルフ・ヒトラーがドイツの首相になります。ヒトラーはユダヤ人を「劣った人種」と決めつけて差別し、何のつみもないユダヤ人を苦しめました。その考えは、ドイツ中に広がっていきます。そのことを不安に感じたアンネの父オットーと母エーディトは、オランダのアムステルダムに会社をつくり、オランダで暮らすことに決めました。

フランク一家は、オランダでしばらくおだやかな生活を送ります。しかし1939年、第二次世界大戦が始まりました。

ユダヤ人への迫害が強まる

フランク一家が暮らすオランダは、1940年ドイツに占領されます。そしてオランダでもユダヤ人への迫害が始まります。ユダヤ人から仕事をうばい、公園に行くことも禁止され、子どもたちはユダヤ人学校に通わなくてはならなくなりました。

ユダヤ人への迫害が強まる1942年6月12日、アンネは13歳になりました。誕生日に、父オットーから赤と白のチェックもようの日記帳がプレゼントされました。文章を書くことが大好きで、作家をめざしていたアンネは、すぐに日記をつけ始めました。

↑オットーとマルゴーと2歳のアンネ。
(AP/アフロ)

> 親愛なるキティーへ
> あなたになら、これまでだれにも
> 打ち明けられなかったことを
> 何もかもお話しできそうです。
> どうかわたしのために大きな心の支えと
> なぐさめになってくださいね。
> (1942年6月12日)

↑アンネは日記帳に「キティー」と名づけました。日記は、空想の友だち「キティー」に手紙を書くという設定で書かれています。

【アドルフ・ヒトラー（1889～1945年）】ナチス・ドイツの指導者として、1933年に政権をにぎり、独裁体制を確立。ドイツが1939年にポーランドに侵攻、第二次世界大戦が始まった。

迫害から逃れるため隠れ家へ

ドイツの占領が続き、オランダに住むユダヤ人はますます危険な状況となっていきました。多くのユダヤ人が強制収容所へ送られ、理由もなく殺されていました。フランク一家は、強制収容所に送られるのをさけるため、オットーの会社の後ろに隠れ家を用意し、1942年7月6日から隠れ家生活を送るようになりました。このときアンネは、誕生日にもらった日記帳を持って行きました。

息苦しい隠れ家生活

隠れ家では、ドイツ兵に見つからないようにするため静かにしなくてはいけません。ささやき声で話をしたり、トイレを流すこともできませんでした。息苦しい隠れ家生活を過ごすアンネですが、年ごろの少女らしく母親とケンカをしたり、恋をしたりします。その様子を日記につづりました。

> わたしたちはみんな、
> 幸せになることを目的に生きています。
> わたしたちの人生は
> 一人ひとりちがうけれど、
> 目的はみんな同じなのです。
> （1944年7月6日）

未来を前向きに見続けるアンネ

どんどん状況が悪くなっても、アンネは希望を捨てず、日記を書き続けました。しかし、「理想の自分になりたい」と未来への願いが書かれた日を最後に、日記は突然とぎれてしまいます。

↑アンネが隠れ家として住んでいた家。現在は、ここでの暮らしぶりやアンネについて知ることができる博物館になっています。毎年、世界中からたくさんの人が訪れています。

> なおも模索し続けるのです、
> わたしがこれほどまでに
> かくありたいと願っている、
> そういう人間には
> どうしたらなれるのかを。
> きっとそうなれるはずなんです。
> （1944年8月1日　最後の日記）

最後の日記から3日後、隠れ家はドイツ警察に見つかり、住人は強制収容所に送られました。15歳のアンネは、そこで亡くなりました。1945年5月、ドイツが降伏し戦争が終わりました。隠れ家の住人の中で生き残ったのは、父オットーだけでした。

第5章 | 戦争体験を「語り」・「継ぐ」 世界の活動

世界中の人々に読み継がれる『アンネの日記』

『アンネの日記』の出版

アンネが隠れ家で書き続けていた日記は、アンネが亡くなった2年後、父オットーによって出版されました。それが『アンネの日記』です。

世界中で読まれる『アンネの日記』

最初にオランダ語で出版された『アンネの日記』は、その後、ドイツ語、フランス語、英語、イタリア語、スペイン語、日本語、中国語など、世界各国の言葉に翻訳され、世界中の人に読まれました。世界で最も読まれている10冊のうちの1冊ともいわれています。また、人類が記憶して、次の世代に伝えていかなければならない歴史的な記録として、2009年にユネスコの「世界記憶遺産」にも認定されました。

『アンネの日記』に書かれている、アンネの人生は、世界中の人々の心をひきつけました。そして今も読む人に、差別のおそろしさや、自由でいることの大切さなどを考えるきっかけをあたえ続けています。

↑アンネのバラ

世界に広がる「アンネのバラ」

アンネのバラは、『アンネの日記』を読んだベルギーの園芸家が、平和への願いをこめて、1960年につくった新種のバラです。オットーは、アンネが願った平和と自由の想いをこのバラにこめて、世界中の人々に贈りました。

そして、その想いを受け取った人々の手によって、世界中に広がっていきました。日本にも1972（昭和47）年にオットーから送られました。現在も、教会や学校などで大切に育てられています。

アンネのバラにこめられた想い

アンネのバラは、黄色、ピンク、オレンジと次々と色が変わります。これは、アンネがもし生きのびることができたなら、多くの可能性を持っていたことを表しています。

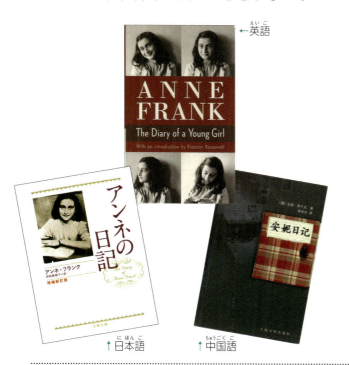
←英語
↑日本語　↑中国語

世界 世界に平和をうったえた人々

(ZUMAPRESS/アフロ)

絵画で戦争に抗議した
パブロ・ピカソ

パブロ・ピカソ（1881年10月25日〜1973年4月8日）
スペインで生まれ、フランスで制作活動をした芸術家。油絵、デッサン、版画、挿絵、彫刻、陶器など数多くの作品を制作した。平和運動にも深い関心をよせ、「ゲルニカ」や「戦争と平和」などの作品を発表している。

© 2018-Succession Pablo Picasso-BCF（JAPAN）

> いや、あなたたちだ。

「ゲルニカ」発表後、ゲルニカを空爆したドイツ軍の将校から
「ゲルニカをえがいたのはあなたですか？」と聞かれたピカソがこたえた言葉です。

↑スペイン内戦中にゲルニカに爆弾が落とされた様子をえがいた「ゲルニカ」。（ALBUM/アフロ）
作家名：PABLO PICASSO
作品名："Guernica"1937, Oil on canvas, 349.3×766.6cm, Museo Nacional Centro de Arte Reina Sofia

© 2018-Succession Pablo Picasso-BCF（JAPAN）

戦争の悲劇をえがいたピカソ

反戦のシンボルとなったゲルニカ

下の絵画は、画家パブロ・ピカソがえがいた「ゲルニカ」です。ゲルニカは、スペイン北部バスク地方にある小さなまちの名前です。スペイン内戦中の1937年4月26日、ドイツ空軍がこのまちに爆弾を落としました。無差別に落とされた爆弾によって、多くの市民が亡くなりました。

同じ年、パリ万国博覧会のスペイン共和国館に展示する壁画の制作を依頼されていたピカソは、この事件を題材にして壁画を制作しました。それが「ゲルニカ」です。たて3.45m、横7.7mの大きなキャンバスに、死んだ子を抱いて泣きさけぶ母親、天に救いを求める人、はげしく鳴く馬などがえがかれています。

ピカソは「ゲルニカ」の絵に関して、何も説明しませんでした。しかし、この絵を見た世界中の人々が、戦争のおそろしさや力強い反戦へのメッセージを感じとっています。

ピカソの平和の願いを引き継ぐ「キッズゲルニカ」

平和の願いをこめて子どもたちがえがく

キッズゲルニカは、ピカソの「ゲルニカ」と同じ大きさのキャンバスに子どもたちが平和の絵をえがく世界的なアート・プロジェクトです。現在、60数か国と地域で400点以上制作されています。

長崎では、2017年8月6日の原爆の日にキッズゲルニカの作品が展示されました。日本国内の作品ばかりではなく、パレスチナとイタリアから送られてきた作品も展示されました。爆心地に近い川沿いに並べられた色あざやかな作品には、平和を願う強いメッセージがこめられています。

↑長崎県三川中学校の生徒がえがいたキッズゲルニカ。

【スペイン内戦】1936年7月から1939年3月にかけて、アサーニャ率いる人民戦線政府とフランコ率いる反乱軍の間で行われた内戦。内戦は近隣国をまきこみ、国際紛争のような状態になりました。

世界に平和をうったえた人々

(GRANGER.COM/ アフロ)

> 空飛ぶ鳥たちは、
> こう歌うのです。
> ピース・ピース・ピース

1971年10月24日、音楽を通して平和をうったえ続けていたカザルスは、94歳で国連平和賞を受賞しました。この言葉は、その授賞式で行われたスピーチの一部です。「ピース」は英語で「平和」という意味です。

音楽を通して
世界平和を願った

パブロ・カザルス

パブロ・カザルス（1876年12月29日～1973年10月22日）
スペインのカタルーニャ地方に生まれたチェロ奏者、指揮者、作曲家。チェロの新しい演奏方法を考え出した。平和への願いをこめて「鳥の歌」を演奏するようになり、音楽を通じて世界平和のため積極的に行動した。

【カタルーニャ地方】スペイン北東部の地中海岸にあり、交通の中心地点として古代から栄えました。独自の歴史・伝統・習慣・言語を持っています。

ふるさとへの想いと平和を願って「鳥の歌」を演奏したカザルス

演奏しないことで独裁に抗議した

　パブロ・カザルスは、スペインのカタルーニャ地方で生まれたチェロ奏者です。幼いころから音楽の才能を発揮したカザルスは、青年になると世界中で演奏活動を行い、そのすばらしいチェロの演奏は、世界中の人々をとりこにしました。

　1936年、スペインで政府と軍部が対立する内戦が起こります。3年にわたる内戦の結果、フランシスコ・フランコによる軍部独裁政権が成立。ふるさとのカタルーニャでは、カタルーニャ語の使用が禁止されるなど、多くの自由をうばわれました。そのことにカザルスは抗議し、フランコ独裁政権のスペインでは演奏しないことを宣言し、フランスで暮らし始めました。

平和を願って「鳥の歌」を演奏

　1971年、国連平和賞を受賞したカザルスは、ニューヨークの国連本部で「国連賛歌」の指揮を務めた後、突然、指揮台から降りて、満員の客席に向かって静かに語りかけました。

> **「国連スピーチ」より**
>
> わたしは、長い間
> 人前で演奏してきませんでした。
> でも今日は、演奏しなければなりません。
> 今日これから演奏するのは、短い曲です。
> その曲は「鳥の歌」とよばれています。
> 空飛ぶ鳥たちは、こう歌うのです。
> ピース・ピース・ピース（平和・平和・平和）
> 鳥たちはこう歌うのです。
> ピース・ピース・ピース（平和・平和・平和）
> ピース・ピース・ピース（平和・平和・平和）
> ピース・ピース・ピース（平和・平和・平和）

　スピーチの後、静まり返った会場に、カザルスのふるさとカタルーニャの民謡「鳥の歌」が奏でられると、多くの人がなみだを流しました。

　国連でのコンサートから2年後の1973年、カザルスは二度とふるさとにもどることはないまま、96年の生涯を終えました。

世界各地の平和コンサートで演奏される「鳥の歌」

平和の曲として「鳥の歌」が広まる

　国連でのカザルスのスピーチと「鳥の歌」の演奏は、1973年にカザルスが亡くなった後も、語り継がれる伝説のコンサートとなりました。「鳥の歌」は、現在でも平和を願う代表曲として世界各国のコンサートで演奏され続けています。

(©ZUMA Press/amanaimages)
↑プエルトリコで開かれている「カザルス音楽祭」。

【独裁政権】 特定の個人、少数者または一つの集団が、国家の権力を独占して行う政治体制のこと。

世界 世界に平和をうったえた人々

世界中で平和を呼びかけた「平和の使者」
ヨハネ・パウロ二世

ヨハネ・パウロ二世（1920年5月18日〜2005年4月2日）
ポーランド出身の第264代ローマ教皇（在位：1978年10月16日〜2005年4月2日）。「空飛ぶ教皇」とも呼ばれ、世界129か国を訪問し、世界の人々に世界平和と戦争反対の呼びかけを行った。キリスト教以外の宗教や文化の和解と交流に努め、平和の使者として知られる。

> 過去をふり返ることは
> 将来に対する責任をになうことです。

1981年2月25日、広島平和記念公園で行った「平和アピール」の一部の言葉です。スピーチでは、この言葉が何度もくり返されました。過去に起こった悲惨な戦争をふり返ることで、平和な未来を築いていく努力をしなければいけないということを、全世界の人々にうったえかけました。

（毎日新聞社／アフロ）

核廃絶をうったえ世界平和に力を注いだローマ教皇

さまざまな宗教との和解と交流に努めた

ローマ教皇とは、世界中に10億人以上の信者がいるキリスト教最大のローマ・カトリック教会の最高責任者です。そのため、ローマ教皇の言葉や行動は、世界中の関心を集め、大きな影響力を持っています。

第264代ローマ教皇ヨハネ・パウロ二世は、ローマ教皇を務めていた26年間で、世界129か国を訪れました。その目的は、キリスト教以外の宗教との和解や交流です。宗教のちがいによって起こる争いを平和的に解決するため、ユダヤ教、イスラム教、東方正教会、キリスト教プロテスタントなどの代表者と話し合い、和解と交流をうったえ続けました。

また、ヨハネ・パウロ二世は、歴史上初めて、カトリック教会が過去におかしたユダヤ人やイスラム教徒、アフリカ・アメリカ大陸の先住民への迫害を、正式に謝罪しました。

2000年もの間、歴代のローマ教皇が認めてこなかった過去のまちがいを認めた行動は、世界中の人々から賞賛されました。

広島・長崎を訪れて核廃絶を世界中にうったえた

1981年2月、ヨハネ・パウロ二世は、ローマ教皇として初めて日本を訪問しました。その目的は、原爆が落とされた広島、長崎を訪ねることでした。

広島平和記念公園で行われた平和アピールは、大きな話題になりました。世界平和と核廃絶をうったえるスピーチは、世界中の人々に聞いてもらうため、9か国語で行われました。

原爆によって、信じられないほど破壊された広島のまちから発信されたヨハネ・パウロ二世からのメッセージは、世界中の人々に大きな感動をあたえました。

↑1986年10月27日には、ヨハネ・パウロ二世の呼びかけで世界各国からあらゆる宗教の代表者約100名が、イタリアのアッシジに集まりました。

↑広島平和記念公園で、原爆犠牲者の慰霊碑に花を供えた後、長いもくとうをささげました。

原爆の後遺症で苦しむ人たちをはげました

もうひとつの被爆地である長崎では、浦上天主堂などでミサを行ったあと、原爆による重い後遺症で苦しむ高齢者が暮らす施設を訪れました。ここでは「みなさんが今日までたえてきた苦しみは、この地球に住むすべての人の心の痛みとなっています。みなさんの生きざまそのものが、すべての善意の人に向けられた最も説得力のあるアピール—戦争反対、平和推進のため最も説得力のあるアピールなのです。みなさんは絶えまなく語りかける生きた平和アピールであり、わたしたちはみな、みなさんのおかげをこうむっているのです。」とはげましの言葉をかけました。

2005年4月2日、ヨハネ・パウロ二世は84歳で亡くなりました。バチカンで行われた葬儀には、世界各国の国王や皇太子、大統領などが参列し、「平和の使者」の死をおしみました。

↑来日を記念して、浦上天主堂に設置されたヨハネ・パウロ二世の像。

「平和アピール」より

戦争は人間のしわざです。
戦争は人間の生命をうばいます。
戦争は死そのものです。
この広島のまち、この平和記念堂ほど強烈に、
この真理を世界にうったえている場所はほかにありません。

もはや切っても切れない対をなしている日本の二つのまち、広島と長崎は、
「人間は信じられないほどの破壊ができる」ということの証として
存在する悲運をになった、世界に類のないまちです。
　　（中略）
過去をふり返ることは未来に対する責任をになうことです。
広島を考えることは、核戦争を拒否することです。
広島を考えることは、平和に対しての責任をとることです。
　　（中略）
全世界の若者たちに、次のように申します。
ともに手を取り合って、友情と団結のある未来をつくろうではありませんか。
貧しさの中にある兄弟姉妹に手をさしのべ、空腹に苦しむ者に食物をあたえ、
家のない者に宿をあたえ、ふみにじられた者を自由にし、不正の支配するところに正義をもたらし、
武器の支配するところには平和をもたらそうではありませんか。
あなた方の若い精神は、善と愛を行う大きな力を持っています。
人類兄弟のために、その精神を使いなさい。
　　（後略）

第5章 | 戦争体験を「語り」・「継ぐ」　世界の活動

引き継がれるヨハネ・パウロ二世の平和の精神

「ローマ法王平和アピール碑」がつくられる

　ヨハネ・パウロ二世の「平和アピール」を形にして、平和を願う想いがいつまでも残るようにと、広島で被爆した藤枝良枝さんなどから声が上がり、1983年2月25日に「ローマ法王平和アピール碑」が建てられました。

　碑には、「平和アピール」の中から選ば

↑ローマ法王平和アピール碑。

れた一節が、日本語と英語できざまれています。2枚の石が合わさる形と、上部のかたをよせ合う形は、世界の調和と人類の平和への願いがこめられています。

　この碑は、国内外から多くの人が来館する広島平和記念資料館の1階に展示されています。目にした人々の心に、二度と戦争を起こしてはいけないことをうったえ続けています。

さまざまな宗教の交流が今も続く

　1986年10月27日、ヨハネ・パウロ二世の呼びかけで世界各国からあらゆる宗教の代表者約100名が、イタリアのアッシジに集まりました。それぞれの宗教儀礼で「平和の祈り」を行うためです（→127ページ）。

　この集いは、さまざまな宗教と文化について話し合う貴重な機会となり、1987年から毎年、ヨーロッパの各地で開催されるようになりました。

　日本でも、ヨハネ・パウロ二世の想いが引き継がれ、滋賀県の比叡山延暦寺で毎年さまざまな宗教者が集う「比叡山宗教サミット」が開催されています。

　ヨハネ・パウロ二世がめざした、ちがう宗教との話し合いによる世界平和への想いは、さまざまな場で引き継がれています。

（毎日新聞社／アフロ）

↑2017年8月3日に行われた比叡山宗教サミット。世界約20か国の宗教者が集まり、戦争や災害の犠牲者に祈りをささげました。

> 世界　世界に平和をうったえた人々

広島から世界に平和をうったえたアメリカ大統領
バラク・オバマ

バラク・オバマ（1961年8月4日〜）
アメリカの政治家。2009年〜2017年まで第44代アメリカ合衆国大統領を歴任した。核廃絶をうったえ、2009年にノーベル平和賞を受賞した。

> わたしたちは、
> 過去で過ちをおかしました。
> しかし、その過去から学ぶことができます。

2016年5月27日に広島平和記念公園でオバマ大統領（当時）が行ったスピーチの一部の言葉です。現職のアメリカ大統領として初めて広島を訪れ、核廃絶をうったえました。

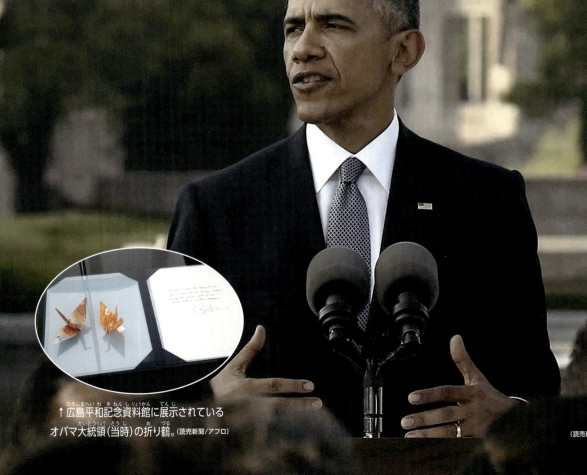

↑広島平和記念資料館に展示されている
オバマ大統領（当時）の折り鶴。（読売新聞/アフロ）

（読売新聞/アフロ）

アメリカ大統領として初めて広島訪問したバラク・オバマ

アメリカ大統領の広島訪問は「ありえないこと」

バラク・オバマは、2016年5月27日、アメリカ大統領として初めて広島を訪れました。それまで、アメリカ大統領が広島を訪れることは、「絶対にありえないこと」といわれていました。

なぜなら、アメリカ国民の間では、アメリカが広島と長崎へ原爆を投下したのは、「日本を1日も早く降伏させて、戦争を終わらせることによって、より多くの人の命を救うために仕方がなかったこと」と考えられているからです。

そのため、現職のアメリカ大統領が広島を訪問することは、「原爆投下がまちがいだったと認めること」と受け取られ、アメリカ国民の大きな反発が起きる可能性があったのです。

広島市民から集まった手紙

オバマ大統領（当時）の広島訪問が実現したのは、広島のテレビ局と広島市民の活動によるものでした。広島テレビは2014年から、平和への想いを「オバマへの手紙」として市民にメッセージを書いてもらうキャンペーンを行っていました。広島県知事、広島市長、被爆者、子どもたちなど多くの市民からメッセージが集まりました。広島テレビはそれらの手紙を直接、オバマ大統領に届けました。

広島市民は謝罪を求めていない

手紙を受け取ったオバマ大統領は、メッセージの内容が、アメリカに対して謝罪を求めるものではないことを知りました。多くの手紙は「とにかく広島を見てほしい。」「謝罪ではなく、広島から核廃絶への祈りを発してほしい。」というものでした。

それなら、アメリカ国民の反発をまねかないだろうと判断したオバマ大統領は、自らの意思で広島に行くことを決意したのです。

（広島テレビ放送株式会社）

↑→約2年間続いた「オバマへの手紙」の活動で、およそ1400通の手紙が集まりました。

（アフロ）

↑広島に訪れたオバマ大統領は、原爆死没者慰霊碑に花を供えました。

核廃絶を世界にうったえたスピーチ

広島に到着したオバマ大統領は、広島平和記念資料館を見学し、自らつくった平和のシンボルである折り鶴をプレゼントしました。その後、広島平和記念公園でスピーチを行い、第二次世界大戦で犠牲になったすべての人々の死をいたみ、原爆の悲惨さを忘れてはいけないと語りました。そして、アメリカをふくむ、すべての核保有国が、核兵器を手放す勇気を持ち、核のない世界をつくらなければいけないとうったえました。

被爆者と抱き合う

スピーチを終えたオバマ大統領は、二人の被爆者に歩みよりました。広島県原爆被害者団体協議会理事長である坪井直さんと、捕虜として広島で被爆死した12人のアメリカ兵の遺族を探し出した森重昭さんです。二人は、広島から核廃絶をうったえてほしいと、オバマ大統領の広島訪問を強く望んでいました。

オバマ大統領は、感激する二人と力強く握手し、核なき世界の実現に向けて言葉を交わしました。

↑オバマ大統領が森さんを抱きしめ、背中をやさしくなでた瞬間は、日本だけでなく、世界中で注目されました。
（毎日新聞社／アフロ）

オバマ大統領の訪問後、広島を訪れる人が急増

外国人観光客が200万人をこえる

オバマ大統領（当時）の広島訪問は、世界各国のトップニュースとして報道されました。世界中で「ヒロシマ」に関心がよせられるようになり、広島を訪れる外国人が急増しました。2016年、広島県を訪れた外国人観光客は、初めて200万人をこえました。広島平和記念資料館でも、入館者数が過去最多を記録しました。

原爆ドームなど、戦争のつめあとが残るヒロシマのまちは、訪れた人々の心に、核兵器のおそろしさと、二度と同じあやまちをおかしてはいけないとうったえ続けています。

↑広島平和記念資料館の来館者数

【折り鶴】広島で被爆した佐々木禎子さんは、9年後、白血病を発症し、12歳で亡くなりました。闘病中、快復を祈って折り鶴を折り続けたことから、折り鶴は平和の象徴として知られています。

オバマ大統領の広島スピーチより

President Obama's speech in Hiroshima

71年前のことです。
雲一つない、晴れわたった夏の日の朝。
その空から、
すべてを滅ぼすものが降ってきました。

Seventy-one years ago, on a bright, cloudless morning, death fell from the sky and the world was changed.

その瞬間、世界が変わりました。
目も開けていられないまばゆい光と、
おしよせる壁のような炎。
たちまち、まちは破壊しつくされました。
人間は、とうとう自分たちを全滅させる
手段を持ってしまったことを思い知ったのです。
わたしたちはなぜ、広島に来たのでしょうか？
71年前に解き放たれた、おそるべき力について、
じっくり考えるためです。
そして、そのおそるべき力の犠牲となった人たちの
魂に祈りをささげるためです。
10万人をこえる日本人が亡くなりました。
その中には大勢の子どもたちもいました。
数千人の朝鮮半島出身の人々も亡くなりました。
捕虜として捕らえられていた、
わたしと同じアメリカ人も、12人亡くなりました。
　　　（中略）
科学の進歩は、海をこえて通信したり、
雲の上を飛んだり、病気を治したり、
宇宙の秘密を知ることを可能にしました。

しかし、人を殺す機械をつくることも可能にしました。
広島はこの真実を教えてくれています。
科学技術の進歩は、
同じくらい社会が進歩しなければ、
わたしたちを破滅させるかもしれません。
核分裂を可能にした科学の革命は、
正しい道への革命を必要としています。

だからこそ、
わたしたちは広島に来たのです。
広島のまちの中心に立ち、
勇気をふるい起こして
爆弾が落ちた瞬間を想像します。
目の前の光景に混乱する
子どもたちの恐怖を思い起こします。

That is why we come to this place. We stand here, in the middle of this city,
and force ourselves to imagine the moment the bomb fell.
We force ourselves to feel the dread of children confused by what they see.

わたしたちは、無言のさけび声に
耳をかたむけます。
原爆が使われたあのおそろしい戦争、
その前に起きた戦争、その後に起きた戦争、
すべての戦争で殺された、
罪のない人々を思い起こします。

言葉だけで、この苦しみを表すことはできません。
しかし、わたしたちはみんな同じ使命があります。
歴史をまっすぐに見つめ、
このような苦しみを二度とくり返さないためには、
今までとはちがう、何をしなければならないのか
考える使命です。

いつの日か、わたしたちは
原爆のおそろしさを証言する
被爆者たちの声を
聞くことができなくなります。

*Someday the voices of the hibakusha
will no longer be with us to bear witness.*

しかし、1945年8月6日の朝の記憶は、
絶対にうすれさせてはいけません。
その記憶は、わたしたちが正しい道に進むための
想像力をあたえてくれます。
その記憶があれば、
わたしたちは変化することができるのです。
　　（中略）
第二次世界大戦後、
国際社会は、戦争をさけるために
さまざまな機関を創設し、協定を結びました。
それらは核兵器を規制し、縮小し、
最終的には根絶することをめざしています。
それでもまだ、世界中で、国家間の侵略行為、
テロ、残虐行為、抑圧がはびこっています。
わたしたちの仕事に終わりはありません。
人間が悪いことをする能力を
絶やすことはできないのかもしれません。
だから、国々やわたしたち同盟国は、
自分自身を守る手段を
持ち続けなければなりません。
わたしの国のように、核を貯蔵する国々は、
核の保有が身を守るという
「恐怖の論理」を捨て、
核兵器のない世界を追求する
勇気を持たなければいけません。
わたしが生きているうちに、
この目標は達成できないかもしれません。
しかし、たゆまぬ努力が破滅の可能性を
小さくすることはできると信じています。
わたしたちは、貯蔵核兵器を
廃棄に導くことができます。
新たな国々に核兵器が広がることを止め、

核兵器を使いかねない者たちの手に、
その材料がわたらないように守ることができます。
（中略）

わたしたちは、過去で過ちをおかしました。
しかし、その過去から学ぶことができます。
選択することができます。
子どもたちに、別の道があることを
語って聞かせることができます。

We're not bound by genetic code to repeat the mistakes of the past.
We can learn. We can choose. We can tell our children a different story —

理想的な人間になるための話。
戦争がより少なくなるように、
残酷なことを簡単に
受け入れないようにする話。
こうした話は、被爆者の方たちの
エピソードから知ることができます。
ある女性は、原爆を投下した飛行機の
パイロットをゆるしました。
なぜなら彼女は、自分が心底にくいのは、
戦争そのものだと気づいたからです。
ある男性は、ここ広島で亡くなった
アメリカ人たちの家族を探し出して、
連絡をとりました。
なぜなら、彼ら家族が失ったものは、
自分が失ったものと同じだと思ったからです。
（中略）

すべての人の命は尊いものであるということ。
わたしたちは人類という
たった一つの家族の仲間であるということ。
こうした、基本的で大切なことを
語り伝えていかなければなりません。

The irreducible worth of every person, the insistence
that every life is precious; the radical and necessary notion that we are part
of a single human family — that is the story that we all must tell.

それが、わたしたちが広島に来た理由です。
わたしたちは愛する人々のことを考えます。
朝一番の子どもたちの笑顔、
食卓をはさんだ妻や夫との優しいふれあい、
両親に抱きしめられている心地よさ…。
そして、同じ貴重な時間が、
71年前のここでも流れていたことを思い起こします。

亡くなった人々は、
わたしたちとまったく同じ人たちです。
多くの人々がそれをわかってくれると思います。
かれらはこれ以上、戦争を望んでいません。
科学の奇跡は、生活をこわすのではなく、
よりよくすることに使ってほしいと望んでいます。
この当たり前の望みを理解して、
国や国の指導者たちが、行動や選択をすれば
広島の教訓がいかされます。

世界はここ広島で永遠に変わりました。
しかし、今日、このまちの子どもたちは
平和に日々を過ごしています。
なんてすばらしいことでしょう。
それは守っていく価値があります。
すべての子どもたちに広げていく
必要があります。
それこそが、わたしたちが選ぶ未来です。

**広島と長崎が、
「核戦争の始まりの地」としてではなく、
「人類が正しい道に進んだ目覚めの地」
として知られる未来です。**

A future in which Hiroshima and Nagasaki are known not as the dawn of atomic warfare, but as the start of our own moral awakening.

Photo by Tomoko Sasaki

資料ページ
日本各地の戦争遺跡

日本各地に、戦争のためにつくられた施設や、戦争で被害を受けた建物などが、現在も残っています。これらは「戦争遺跡」とよばれ、戦争の記憶を語り継いでいます。

原爆ドーム

1945（昭和20）年8月6日に広島市内に落とされた原爆で焼け残った建物です。かべはくずれ落ち、銅板ぶきの屋根は熱風でとけ、鉄骨がむき出しになりました。現在では、世界遺産に登録されています。
（広島県広島市）

父島の高角砲

高角砲は、海軍が使っていた敵の飛行機を撃ち落とすための大砲です。小笠原諸島には、この高角砲が当時のまま残っています。（東京都小笠原村）

❶ 根室のトーチカ

トーチカはコンクリートでできたとりでで、ここに身をかくしたりして、機関銃や大砲を撃ちました。根室のトーチカはアメリカ軍の上陸を想定してつくられました。
（**北海道根室市**）

❷ 旧日立航空機変電所

飛行機をつくる工場に電気を送っていた施設です。敵の空襲の標的となり、銃撃のあとや爆弾の破片できずついたあとが建物のかべに残っています。
（**東京都東大和市**）

❸ 旧陸軍第四師団司令部庁舎

日本陸軍の上層部が会議を開いたり、戦場への指示を送った施設です。外観は、西洋の古い城をイメージしてタイルで仕上げ、空襲でも大きな被害に合いませんでした。（**大阪府大阪市**）

❹ 人間魚雷「回天」訓練基地跡

人間魚雷は、爆薬を積んだ魚雷の中に人間が乗りこみ、自分で操縦して敵の船に体当たりする日本軍の悲惨な兵器でした。訓練基地跡のある大津島には、回天の原寸大模型を展示する回天記念館もあります。
（**山口県周南市**）

❺ 城井一号掩体壕

掩体壕は、敵の空襲から守るため、飛行機をかくした施設です。上には土と芝が盛られ、上空からは小山にしか見えないように工夫しました。（**大分県宇佐市**）

❻ 一本柱鳥居

1945（昭和20）年8月9日に長崎市内に落とされた原爆の爆風で、神社の鳥居の半分がふき飛ばされました。原爆のすさまじさを今に伝えています。（**長崎県長崎市**）

資料ページ

全国の戦争に関する資料館

日本各地に、戦争と平和に関する資料館があります。こうした資料館を訪れることで、戦争のおそろしさや、平和の尊さを学ぶことができます。

❶ 広島県

広島平和記念資料館 → 29 ページ

呉市海事歴史科学館（大和ミュージアム）
巨大戦艦「大和」をシンボルに、零式艦上戦闘機六二型、人間魚雷「回天」などの実物資料が展示されています。

❷ 山口県

回天記念館
太平洋戦争中に開発された、人間が搭乗する魚雷型の特攻兵器回天の搭乗訓練員の宿舎跡に建てられた記念館。

❸ 福岡県

筑前町立大刀洗平和記念館
旧日本海軍零式艦上戦闘機など、戦争中の資料約1,800点が展示されている。

↑ひめゆり平和祈念資料館

❺ 長崎県

長崎原爆資料館 → 43 ページ

浦頭引揚記念平和公園・資料館
戦後、浦頭に引き揚げた約140万人の様子や、当時の引き揚げの内容などがわかりやすく展示されていてる資料館。

長崎市永井隆記念館 → 55 ページ

❹ 沖縄県

沖縄県平和祈念資料館 → 77 ページ

ひめゆり平和祈念資料館 → 71 ページ

対馬丸記念館 → 66 ページ

❻ 鹿児島県

知覧特攻平和会館 → 92 ページ

鹿屋航空基地史料館
戦争末期に行われた神風特別攻撃隊の実態や、現代の海上自衛隊の活動などがわかる資料館。

↑知覧特攻平和会館

❼ 京都府

立命館大学国際平和ミュージアム
過去の戦争の歴史・紛争の実態、貧困・飢餓、人権抑圧、環境破壊、放射能・被ばくなどについて学ぶことができる博物館。

舞鶴引揚記念館
戦後、舞鶴に引き揚げた約66万人の引揚者・復員兵の当時の様子やシベリア抑留を後世に伝える資料館。

❽ 滋賀県

滋賀県平和祈念館
戦争中の滋賀県の人々の体験談や、県内のできごとを学べる資料館。

❾ 長野県

満蒙開拓平和記念館
旧満州(中国東北部)に入植した満蒙開拓団の苦難の歴史を伝える施設。

❿ 神奈川県

川崎市平和館
日本と戦争の関わりについての展示や、川崎大空襲を記録した映像を観ることがでる資料館。

⓫ 東京都

昭和館
戦中・戦後の道具や資料を展示し、生活の労苦を知ることができる博物館。

平和祈念展示資料館 →104ページ

↑平和祈念展示資料館

東京大空襲・戦災資料センター
東京大空襲の惨状を次世代に語り継ぎ、平和の研究と学習に役立つことを願って設立された資料館。

復興記念館
関東大震災や東京大空襲の被害を後世に伝える資料館。被災した物品の展示や東京を復興させた当時の大事業を紹介している。

しょうけい館
日本の傷痍軍人に関する史料の収集・保存・展示を行っている。戦時中や戦後の戦傷病に関する体験などを伝える施設。

⓬ 埼玉県

埼玉県平和資料館(埼玉ピースミュージアム)
埼玉県内の戦争資料を展示。戦時中のある1日を15分間で疑似体験できるコーナーなどもある。

🌐 インターネットで見られる バーチャル資料館

北海道

札幌市平和バーチャル資料館
札幌市の戦時中の様子がわかる写真や品物を掲載。札幌市民が語った、戦争の体験談を映像で観ることもできる。

http://www.city.sapporo.jp/ncms/shimin/heiwa/

東京都

みたかデジタル平和資料館
三鷹市民から提供された戦争遺品や戦争体験談を中心に、戦争の悲惨さや当時の生活を伝える資料を掲載。

http://www.city.mitaka.tokyo.jp/heiwa/

中央区平和祈念バーチャルミュージアム
戦災資料の展示、平和モニュメントの紹介、歴史年表、空襲被害の状況、学童疎開の実態、戦争体験記などを掲載。

https://www.city.chuo.lg.jp/heiwa/

さくいん

あ
- アオギリ(被爆アオギリ) …………………… 22
- アジア・太平洋戦争 …………………………… 6
- 明日ある君へ～知覧特攻物語～ ……………… 90
- アメリカ軍基地 ………………………………… 81
- アンネ・フランク ……………………………… 118
- アンネの日記 …………………………………… 121
- アンネのバラ …………………………………… 121

い
- 一本柱鳥居 ……………………………………… 139
- 糸満市立米須小学校 …………………………… 72
- 糸満市立三和中学校 …………………………… 78
- 慰霊の日 ………………………………………… 8

う
- 浦頭引揚記念平和公園・資料館 ……………… 140
- 浦上天主堂 ……………………………………… 38

お
- 沖縄県平和祈念資料館 ………………………… 77
- 沖縄戦 …………………………………………… 8, 60
- 沖縄平和祈念公園 ……………………………… 8
- 折り鶴 …………………………………………… 30
- オリンピック憲章 ……………………………… 115

か
- 回天記念館 ……………………………………… 140
- 学童疎開 ………………………………………… 84
- 学徒出陣 ………………………………………… 84
- 核兵器 …………………………………………… 34
- 核兵器拡散防止条約 …………………………… 35
- 核兵器禁止条約 ………………………………… 35
- 語り部 …………………………………………… 57
- 鹿屋航空基地史料館 …………………………… 140
- ガマ ……………………………………………… 60
- 川崎市平和館 …………………………………… 141

き
- キッズゲルニカ ………………………………… 48, 123
- きのこ雲 ………………………………………… 12, 38
- 旧日立航空機変電所 …………………………… 139
- 旧陸軍第四師団司令部庁舎 …………………… 139

く
- 空襲 ……………………………………………… 85
- クーベルタン …………………………………… 114
- クスの木(被爆クスの木) ……………………… 54
- 呉市海事歴史科学館(大和ミュージアム) …… 140
- 黒い雨 …………………………………………… 12

け
- ゲルニカ ………………………………………… 122
- 原爆(原子爆弾) ………………………………… 9, 12, 34, 38
- 原爆ドーム ……………………………………… 138
- 原爆の子の像 …………………………………… 30

こ
- 高校生1万人署名活動 ………………………… 44
- 高校生平和大使 ………………………………… 44
- 降伏文書調印 …………………………………… 94
- 国内紛争 ………………………………………… 112
- 国連憲章 ………………………………………… 35
- 子ども兵士 ……………………………………… 113
- この世界の片隅に ……………………………… 22

さ
- 埼玉県平和資料館(埼玉ピースミュージアム) … 141
- 佐々木禎子 ……………………………………… 30
- 札幌市平和バーチャル資料館 ………………… 141

し
- 滋賀県平和祈念館 ……………………………… 141
- シベリア抑留 …………………………………… 86
- 終戦記念日 ……………………………………… 6
- しょうけい館 …………………………………… 141
- 昭和館 …………………………………………… 141
- 城井一号掩体壕 ………………………………… 139
- 城山国民学校 …………………………………… 38
- 真珠湾攻撃 ……………………………………… 95

せ
- 青少年ピースフォーラム ……………………… 41
- 青少年ピースボランティア …………………… 40
- 戦艦ミズーリ記念館 …………………………… 94
- 全国戦没者追悼式 ……………………………… 6
- 戦争遺跡 ………………………………………… 57, 138
- 戦争に関する資料館 …………………………… 140

そ
- 疎開 ……………………………………………… 84

た
- 第五福竜丸 ……………………………………… 35
- 第三世代が考えるヒロシマ「　」継ぐ展 …… 14

ち

- 筑前町立大刀洗平和記念館 …………………… 140
- 父島の高角砲 …………………………………… 138
- 中央区平和祈念バーチャルミュージアム …… 141
- 中距離核戦力全廃条約 ………………………… 35
- 知覧特攻平和会館 ……………………………… 92

つ

- 対馬丸記念館 …………………………………… 66
- 対馬丸事件 ……………………………………… 63

て

- テロ ……………………………………………… 112
- 伝承者 …………………………………………… 27

と

- 東京大空襲・戦災資料センター ……………… 141
- とうろう流し …………………………………… 25
- 特攻隊 ………………………………………… 89, 94
- 鳥の歌 …………………………………………… 124

な

- 永井隆 …………………………………………… 55
- 長岡花火 ………………………………………… 106
- 長崎原爆資料館 ………………………………… 43
- 長崎市永井隆記念館 …………………………… 55
- 長崎市立城山小学校 …………………………… 46
- 長崎市立三川中学校 …………………………… 48
- 長崎市立山里小学校 …………………………… 52
- 長崎市平和公園 ………………………………… 9
- 長崎平和式典（長崎原爆犠牲者慰霊平和祈念式典） … 9
- 難民 ……………………………………………… 112

に

- 日本国憲法 ……………………………………… 109
- ニライカナイで逢いましょう〜ひめゆり学徒隊秘抄録 … 91
- 人間魚雷「回天」訓練地跡 …………………… 139

ね

- 根室のトーチカ ………………………………… 139

は

- 爆心地 ………………………………………… 13, 39, 52
- パブロ・カザルス ……………………………… 124
- パブロ・ピカソ ………………………………… 122
- バラク・オバマ ………………………………… 130

ひ

- ピース・ポーター・プロジェクト …………… 24
- 引き揚げ ………………………………………… 87
- ビキニ環礁水爆実験 …………………………… 35
- 被爆校舎 ………………………………………… 46
- ひめゆり学徒隊 ………………………………… 71
- ひめゆりの塔 …………………………………… 68
- ひめゆり平和祈念資料館 …………………… 68, 71
- 広島市立幟町小学校 …………………………… 30
- 広島平和記念公園 ……………………………… 9
- 広島平和記念式典 ……………………………… 9
- 広島平和記念資料館 …………………………… 29

ふ

- 復員 ……………………………………………… 87
- 復興記念館 ……………………………………… 141
- 部分的核実験禁止条約 ………………………… 35

へ

- 平和記念式典 …………………………………… 9
- 平和祈念式典 …………………………………… 9
- 平和祈念展示資料館 …………………………… 104
- 平和行進 ……………………………………… 8, 75
- 平和集会 ………………………………………… 31
- 平和主義 ………………………………………… 109
- 平和の礎 ………………………………………… 99
- 平和発信用ガイドブック「STEP」 …………… 42

ほ

- 包括的核実験禁止条約 ………………………… 35
- 防空ごう ………………………………………… 84
- ポツダム宣言 …………………………………… 94

ま

- 舞鶴引揚記念館 ………………………………… 141
- 満州 ……………………………………………… 87
- 満蒙開拓平和記念館 …………………………… 141

み

- みたかデジタル平和資料館 …………………… 141

や

- 焼け野原 …………………………………… 12, 38, 85

よ

- ヨハネ・パウロ二世 …………………………… 126

り

- 立命館大学国際平和ミュージアム …………… 141

ろ

- ローマ法王「平和アピール」 ………………… 128

〈監修〉大石 学（東京学芸大学教授）	NDC210

戦争体験を「語り」・「継ぐ」
広島・長崎・沖縄　次世代型の平和教育

学研プラス　2018　144P　30cm
ISBN978-4-05-501238-6　C8321

写真撮影	佐々木知子（表紙,p.16,p.24,p.46-47,p.52-54,p.88-89,p.98,p.100-101,p.133-137）
表紙／扉イラスト	生駒さちこ　　　　本文イラスト　　　たむらかずみ
原稿執筆	松本義弘（オフィス・イディオム）
編集協力／図版	オフィス・イディオム
デザイン	星 光信（Xing Design）
DTP	新榮企画
取材協力	糸満市教育委員会／糸満市立米須小学校／糸満市立三和中学校／沖縄県平和祈念資料館／劇団キンダースペース／クリエイティブワンズ／高校生1万人署名活動実行委員会／戦艦ミズーリ記念館／第三世代が考えるヒロシマ「　」継ぐ展／知覧特攻平和会館／対馬丸記念館／長崎原爆資料館／長崎市教育委員会／長崎市青少年ピースボランティア／長崎市永井隆記念館／長崎市立城山小学校／長崎市立三川中学校／長崎市立山里小学校／ピース・ポーター・プロジェクト／ひめゆり平和祈念資料館／広島市教育委員会／広島市立幟町小学校／広島平和記念資料館／平和祈念展示資料館
写真協力	アフロ／アマナイメージズ／沖縄県平和祈念資料館／クリエイティブワンズ／高校生1万人署名実行委員会／戦艦ミズーリ保存協会／知覧特攻平和会館／対馬丸記念館／バンダイビジュアル／広島原爆養護老人ホーム舟入むつみ園／広島テレビ放送株式会社／広島平和記念資料館／ひめゆり平和祈念資料館／長崎原爆資料館／長崎市永井隆記念館／毎日新聞社／　PPS通信社／pixta／読売新聞社
参考文献	『平和は「退屈」ですか──元ひめゆり学徒と若者たちの五〇〇日』（2006年、岩波書店）

戦争体験を「語り」・「継ぐ」 広島・長崎・沖縄　次世代型の平和教育

2018年2月20日　　初版第1刷発行
2018年12月10日　　第2刷

監　修	大石 学
発行人	黒田隆暁
編集人	代田雪絵
編集担当	宮田昭子
発行所	株式会社 学研プラス 〒141-8415　東京都品川区西五反田2-11-8
印刷所	株式会社 廣済堂

- 本の内容については　Tel 03-6431-1551（編集部直通）
- 在庫については　Tel 03-6431-1198（販売部直通）
- 不良品（落丁、乱丁）については　Tel 0570-000577
  学研業務センター
  〒354-0045　埼玉県入間郡三芳町上富279-1
- 上記以外のお問い合わせは　Tel 03-6431-1002（学研お客様センター）

©Gakken
この本の無断転載,複製,複写（コピー），翻訳を禁じます。
本書を代行業者等の第三者に依頼してスキャンやデジタル化することは，
たとえ個人や家庭内の利用であっても、著作権法上、認められておりません。